食のベストエッセイ集

小泉武夫

IDP出版

小泉武夫 食のベストエッセイ集

まえがき

私は福島県の阿武隈《あぶくま》山地にある山間の小さな町で二七〇年続く酒屋に生まれました。父の賢吾は第一五代の跡取りで、造り酒屋をしていましたが、昭和一六年に出征兵士として福島の会津若松に本拠がある両角《もろずみ》部隊に入りました。そこで部隊の長になり、その後中国南部の雲南《うんなん》省に出兵しましたが、そこで部隊員たちと共謀して、戦うことなどあまりせず、ここは平和的に参りましょう、と地元の農民と一緒に米と大豆をつくりはじめたそうです。発覚したらそれこそ軍法会議にかけられていたかもしれませんが、とにかく山の山の山の中なのであまり知られなかったそうです。その山の中から、父は私の祖母（父の母親）の小泉タヨに、丸大豆と種籾《たねもみ》を送れと手紙を書き、なんとかそれを送らせたのです。父は取り寄せたその丸大豆と種籾を受け取ると、雲南省の山の中の農民に、日本式の米のつくりかたを教え、畦《あぜ》に大豆を植えさせました。米と大豆を収穫すると、蒸した大豆を稲藁《いなわら》にくるんで納豆をつくり、穫《と》れた米で食べたという話を繰り返し私に聞かせていました。

父は飯と納豆を食べたいがために、日本から種籾と大豆を取り寄せて育て、隊員たちと共に至福をこらしていたのです。このことを見ても、いかに我が父は食いしん坊だったかわかるのですが、実は私もそうなのであります。きっと父のＤＮＡを受け継いだからでしょう。

母のミキは福島県の須賀川《すかがわ》市で古くから続く大橋醤油店の娘でした。母は文学少女で、本を読むだけでなく、自分でも文章を書くのが好きで、よく新聞に投稿しては掲載されていました。私がここに収録する「ベストエッセイ」をはじめ、時間さえあればせっせとものを書くようになったのは、母のＤＮ

Aを引き継いでいるせいでしょう。

子どものころを振り返ってみると、本を読んだり、文章を書くのは、ほかの子より好きだったと思います。小さいときから『冒険王』とか『少年クラブ』、『少年』といった漫画雑誌を読んでいました。そのころ一番好きだったのは江戸川乱歩で、後に『江戸川乱歩全集』（光文社文庫）の中の第12巻に解説文を書かせていただくほどになりました（紙数の制約上収録できませんでした）。

それはともかく母の話に戻ると、母は自分でものを書くだけでなく、私を相手に家で「綴《つづ》り方教室」をはじめました。たとえば、私が小学校から帰宅して学童服から遊び着に着替えるとき、ボタンが取れて床の上をコロコロと転がったのを目ざとく見つけた母は、「ター坊（私の呼び名）、いま落ちたボタンの身になって、床に落ちて悲しい気持ちを綴り方に書きなさい」というのです。

夕飯がサンマだったりすると、「私は炙《あぶ》られたサンマである」という題名で、サンマの気持ちを書かされました。それを書き終えるまで食事はお預けですから、子どもなりに必死に書きました。そのあげく、母に「ここはなっていない」といって添削されるのですから、たまったものではありません。いま思えば、そんな〝英才教育〟を受けた経験が私の文才を鍛えてくれたのかもしれません。

私はその後、家業が造り酒屋ということがあって東京農業大学に進学しました。私自身は東北大学の理学部で「発生生物学」か「魚類学」をやりたかったのですが、東京農業大学の農学部には醸造学科があって、そこに山田正一博士という大蔵省国税庁の醸造試験所所長が赴任しているので、そこに行けと父に申し渡されたのです。

理由は二つありました。一つは、国の指導の下、企業合同政策で小さな造り酒屋が三軒集まって郡山《こおりやま》市に酒蔵をつくることになったのです。その酒蔵での酒造技術を、父は私に勉強させたかったのです。二つ目は、東京農業大学の醸造学の先生は国税庁の醸造試験所から来た先生も多く、実家の造り酒屋に技術上のトラブルがあって酒が腐造したりすると、先生方が飛んできて助けてくれることもある、というのです。

そんな経緯で東京農業大学農学部の醸造学科に行ったのですが、とにかくすごいところでした。学科の定員は四〇人で、そのうち三六人は造り酒屋の息子、あとの四人は醤油屋一人と味噌屋二人と酢屋一人でした。ある地方の大きな造り酒屋の息子は、お手伝いと番頭を伴って上京してきました。当時の親の資産を合わせれば、日本一の「おぼっちゃま学科」だったかもしれません。

入学当時は、一年通って面白くなかったら、他の大学に入り直そうと思っていましたが、なんのなんの、微生物学や発酵学がとても面白くなってしまいました。とくにあまり勉強をしないのに卒業のときは一番で学長賞をいただき、大学から残れといわれたことを幸いに、福島の実家に戻らず大学にそのまま残り、気がついたら定年まで勤めてしまったのです。

それから二本立ての人生がはじまります。一つは大学の先生というハードな仕事、もう一つはエッセイを書くというソフトな仕事です。私が恵まれていたのは、料理をすることと、ものを書くのが大好きで、それが気分転換に役だったことです。嫌なことがあっても、料理をしたり、ものを書いていると、心の切り換えがとても速く、何もかも忘れて自分の世界に入れるのです。

もちろん本を読むのも好きで、そのうちに山本周五郎《しゅうごろう》の小説が好きになりました。最初に読んだのが『五瓣《ごべん》の椿』と『青べか物語』で、とくに『青べか物語』の文章は香気ふんぷんとするような浦安《うらやす》の人情物語で、大変なショックでした。また、井上ひさしの軽快な文章に惹かれファンになりました。文体として美しいと思ったのが幸田露伴《こうだろはん》でした。この三人の作品が私の理想の文章になったのです。私は意識して山本周五郎と井上ひさしの文体を見習うことがあって、そういうときは自分も偉くなったような気持ちになります。

私が最近書いた『猟師の肉は腐らない』（新潮社）という小説は、自然の中でたった独り、人間の本質で生きる一人の男を書きました。山本周五郎の『青べか物語』は浦安の干潟を「沖の百万坪」と呼んでいますが、いまはそれが埋め立てられて、沖の百万坪がなくなってしまった。私はそれを下敷きに、物質文明に浴されて何もかも失ってしまった日本の逞《たくま》しさが、実は阿武隈山の山奥に住んでいる猪狩義政という一人の男の世界に残っているのだ、という話を書きました。

一方で私が憧れた学者は中尾佐助《なかおさすけ》であり、作家は開高健《かいこうたけし》でした。その影響で紀行文をよく書きました。自分が食べ歩いて、食文化や民族学を探究してきたのも、私が好きなそのような先達に動かされてきたような気がします。

ですから、この「ベストエッセイ集」は、食の世界のエッセイを中心にまとめました。気がついてみたら、日本経済新聞に週一回寄稿している『食あ《く》れば楽あり』という食のエッセイは今も続いていて何と二二年に及び、その間一回も休んでいません。このことは、私がいかに書くことが好きなのかを裏付けているのではないかと思います。

そうした長期連載を読んでくださる方から、「先生、エッセイを書くのは大変でしょう」といわれることがありますが、実は私にとってエッセイを書くのは楽しくてしかたがないのです。だから続けられるのであって、嫌だと思ったら多忙を理由に穴を開けてしまっていたでしょう。

どんなに忙しくてもエッセイを書き続けてこられたのは、書くのが楽しいことに加えて、私が編み出した「八×三の哲学」のおかげでもあります。忙しいから書ける、逆にいえば書いているから忙しいのです。私はよく学生に、「きみたちは八時間寝て、大学に来て八時間勉強しなさい」といっています。そして、「一日は一六時間では終わらない」といって聞かせます。つまり残りの八時間の使い方が問題なのです。

私は朝五時に起きて、三時間から四時間は原稿を書きます。どんなに二日酔いでも起きて書くのは、それが習慣《バイオリズム》になっているからです。それに、どこへ行くにも原稿用紙とペンは必ず持っていって、時間が空いているとすぐに書きます。「新幹線は走る執務室」と私は呼んでいますし、飛行機は「飛ぶ執務室」なのです。どこでも書いているし、どこでも考えている。それが「八×三の哲学」というわけで、時間の使い方がいかに大切かということです。

本書では、そのような中で書いてきた幾千のエッセイの中から、傑作だと思うエッセイを幾つか取り上げて、ご披露申し上げる次第です。このエッセイをお読みいただき、新たな感懐を抱いていただければこの上ない幸せです。

目次

【第二章】

第三章 美味求心

【第四章】活力自在

第五章

カバー・本文／イラスト――川口澄子

第一章

頬《ほお》落《らく》舌《ぜつ》躍《よう》

【自慢丼《じまんどんぶり》】

発酵仮面とも渾名《あだな》される我が輩は、発酵した食べものが大好きで、中でも納豆はことのほか好物である。人生の大半、すでに60年以上もこの糸を引いてネバネバした不思議な食べものと縁を切ることができないどころか、ますます深くあやしい関係に発展しているのだから、今や互いは、粘りある相愛の糸で結ばれていると言っても過言ではない。これちょっとオーバーかな。

それはともかくも、人生の大半を納豆と共に生きてきた我が輩なので、納豆の食べ方では他人にそう引けをとらないと自負している。夢中で納豆を食べている我が輩を見て、ある人は芸術的だといい、またある人は動物的だといい、さらにある者は壮絶だといい、その上ある人は行儀が悪いともいうが、とにかくそれは全部が当たっているような気がする。

さて、そんな我が輩が、厨房「食魔亭《しょくまてい》」を訪ねてきた友人に出す自慢の納豆料理の一品が「マグナットウ丼」である。これはとても美味で、その上簡単なので、つくる方も食べる方もうれしくなってしまう。スーパーマーケットあたりで、そう高価でない鮪《まぐろ》の赤身の柵を買ってくる。それを、醤油に少しの日本酒を加えたヅケ汁に30分ほど漬けておく。別に納豆に、醤油大さじ1と味醂《みりん》小さじ1とを合わせたタレを好みの量加えてよく混ぜる。鮪はヅケ汁から引き上げて、通常の刺身よりやや薄めに切り分ける。

丼に炊きたての飯を7分目ほど盛り、その上に全面に納豆を平たくのせ、さらにその納豆の上に鮪を並べながら透き間なくのせていく。そして仕上げに、繊切りした青ジソと海苔《のり》をパラパラと撒《ま》くように散らして完成。それを醤油をかけずに、そのまま豪快に食べるのである。

左手に丼、右手に箸を持って、いよいよ食べる。先ず、丼の端の方をかき混ぜてくずし、そのあたりに唇をつけて箸で口の中にかっ込むのである。すると、納豆に濡れた鮪はピロロンといった感じで、納豆はズルルンといった調子で、飯はツルルンといった具合いで口の中に入ってくる。それを噛みはじめると、先ず瞬時に海苔と青ジソの快香と納豆の醸《か》ぐわしき匂いが鼻から抜けてくる。そして口の中では、納豆のヌラヌラが全体を制する中、鮪を噛むとツルルピロロンと歯に応えて、そこから濃いうま味とコクとがジュルジュルと湧き出てくる。するとその鮪のうま汁に、今度は納豆の幅の利いたうま味が被《かぶ》さり、さらにそこに飯の上品な甘みまで相乗りしてくるものだからたまらない。互いがトロトロヌラヌラヌラズルズルする中に、もはや収拾の付かないほどの美味しさの追いかけっこが展開されるのであります。とにかく「マグナットウ丼」は史上最強の丼飯《どんぶりめし》だと思っている。

【泥鰌《どじょう》鍋】

泥鰌の旬は夏だといわれるが、今は天然ものに負けないほど美味しい養殖ものがあるので、いつでも野趣満点の味が堪能できる。寒い冬や、まだ外気が肌寒い時に、熱い泥鰌鍋で一杯飲《や》るのも季節に合った食べ方だ。

泥鰌大好きな我が輩は、月に一度は燗酒の肴にこれを楽しんでいる。数日前も、東京・駒形《こまがた》に江戸時代から伝わる「どぜう屋」に行って賞味してきた。ここに行くと決まって丸煮を頼む。卓袱《ちゃぶ》台の前に座ると、火鉢の上に丸く浅い鉄板鍋がのっていて、脇には薬味の刻み葱《ねぎ》、粉山椒《さんしょう》、七味唐辛子が添えられている。しばらくすると、形のよい丸々とした泥鰌がびっしりと隙間なく並んだ鉄板鍋が運ばれてきて、その鉄板鍋から火鉢のそれに泥鰌と煮汁とが零《こぼ》すことなく見事に移される。

鍋に火を入れ、泥鰌の上に刻んだ葱を一面に撒いて、グズグズと煮立ってきたら食べる。泥鰌はすでに、じっくりと煮込んであるから、煮え立ってきたらすぐに食べられるので、早いもの好きの江戸っ子には向いている。葱も煮汁で薄いべっ甲色に染まってくるので、それに箸をつける。葱と泥鰌を小皿にとって、粉山椒をパッパと振り、いよいよ至福の時だ。

おっと忘れてた。注文していた燗酒も届いたので、まずは一杯。白磁の盃《さかずき》にやや熱めに燗をした切れ味のいい日本酒をたっぷりと注いで、キューと飲った。それをコピリンコと静かに呑み込むと、酒は食道を流れ落ち、胃袋周辺に達してジィ〜ンと熱くなってきた。そしてその酒は、我が輩の体の中から泥鰌の丸煮を誘い込む。

たっぷりと泥鰌のうまみを吸いとった葱を口にすると、シャリリとした感覚が次第にネットリとした感触に変わり、そこから葱の甘みと泥鰌のうまみが湧き出てくる。そしていよいよ丸煮一匹を口にピロンと入れて食べた。熱々の泥鰌は口の中でトロリ、スルリと溶けるようにほぐれていき、そこから泥鰌の濃いうまみとコクのある押し味、タレのトロリとした甘みと葱からの微《かす》かな甘みなどが湧き出してくるのであった。それをピロロンと呑み込んでまた熱燗をコピリンコ。

さてこの店で今ひとつの楽しみは、粒揃いの小ぶりの泥鰌を何匹も筏《いかだ》状に串に打ち、蒲焼き風に焼いた粋な肴である。粉山椒を振り込んで食べると、鰻《うなぎ》の蒲焼きなど問題にならないほど、きめの細かいうまみと香ばしい匂いが味わえ、心が洗われるほどのものとなる。こうして泥鰌と酒とを十分に堪能した後、鍋に残ったタレを白飯にからめるようにして食べる楽しみもおまけに付くのである。

【毛蟹《けがに》】

見ただけで驚くほど大きい毛蟹が手元にある。ズッシリと重く、脚やハサミは太く大きく、こんな立派な毛蟹は我が人生で初めて。実は八月の我が輩の誕生祝いにと、北海道の親友が送ってくれたものである。思わずその毛蟹に向かって万歳三唱し、さらに北海道の方角に深々と三度頭を下げて礼をした。

あくまでも誕生祝いでありますから、我が輩が特大の毛蟹を美味しく貪《むさぼ》る話は決して恨まないで下さいますように。

その毛蟹をまず下ごしらえ。腹側に付いている三角形の前だれを外し、次に大きな甲羅を引きはがした。するとウッヒヒヒヒ！　甲羅の内側や胴体には憧れの蟹味噌がべっとり、びっしり。それが山吹の花の色のように美しい。はちきれるほどに太い脚やハサミを一本一本ていねいに引きはがす。さらに胴を二つに割って、脚の付け根の方から切り分けていくなどして、巨大な一杯の蟹を解体して大きい皿の上に盛った。

いよいよ胸高鳴らせて、じっくりと賞味にかかった。三杯酢やポン酢などを使う人が大半だが、我が輩は何もつけずに蟹そのままを味わうのが大好きだ。まず、お目当ての蟹味噌。指先に蟹味噌をドロリと付けて口に入れる。トロリとした感覚が広がったと思うが早いか、今度は蟹味噌特有の脂質成分からのコクと上品なうまみ、滑らかな甘みが口中に広がってきて絶妙であった。

次に脚の殻を外すと、中から真っ白い身に赤い繊肉が混じった身がコロリと出てきた。噛むとホクホクとしていて、そこから甘みと上品なうまみがジュルジュルピュルピュルと湧き出してくる。いやあ、美味いなあ、やっぱり毛蟹は蟹の王様だなあ、なんて感激しながら、脚肉は次々に胃袋に消えていく。

よし、今度は究極の食い方で賞味してやろうと、胴体や脚の付け根に付いている純白の肉身をていねいにほじり出し、集めた身を蟹味噌がまだべっとりと付いている甲羅に入れ、箸でよくかき交ぜた。つまり蟹の身を蟹味噌で和えたのである。純白の身は、すっかり蟹味噌の山吹色に染まって眩《まぶ》しいほどに美しくなった。

それを箸でつまんで口に入れる。今度は、蟹味噌のコクとうまみが肉身の甘みと一体となり、味覚極楽。それがあまりにも美味であったので、次からは箸の先で、ほんのちょっぴりつまんで、少しずつ口に入れてじっくり賞味した。そして最後は、ほんの少し残したものにチョンと醤油を滴《た》らし、それを炊きたての熱い飯の上にのせて食べてみたところ、その美味に悶絶し、失神寸前となり、ついには我が大脳味覚受容器は満杯状態に陥った。

【鉄火巻き】

「鉄火」という名を付けた、粋できびきびした料理がある。「鉄火和え」や「鉄火巻き」だ。その「鉄火」という意味を『広辞苑』で引いてみると、いろいろなことが書いてある。その中のひとつに「侠客風《きょうかく》」とか「博徒のように威勢のいいさま」というのがある。

鮪を用い、そこに山葵《わさび》を使うのが共通しているので、これはきっと刺激（山葵）に富んだ威勢のいい（鮪）料理、を表現しているのだろう。

我が輩はこの鉄火シリーズが大好物で、寿司屋に行って最後の上がりには、熱いお茶と（鮪は使わず）山葵だけの鉄火巻きをいただく。これがまた実にいい。山葵は千切りに長く切ったものをすし飯でくるみ、それを海苔で巻いてから切り分けてもらうのだ。

ちょん、と醤油に付けて口に入れて噛むと、瞬時に鼻孔からツンと山葵の憎いほど快い辛みが抜けてきて、少し目に涙が滲《にじ》む。そして、口の中では、その山葵の刺激のある辛みが、飯の甘み、そして海苔のほのかなうまみと一体となり、それを裏で醤油の奥の深い味が囃《はや》し立てるのである。

それをゴクリと顎下《がっか》に飲み下してから、すぐに熱いお茶をズーッと啜《すす》ると、今度は口の中に残っていた山葵の辛みが茶の熱さに刺激されて、またまた口の中は火事にでもなったかのように熱くなるのである。それが実に威勢よく、粋でいなせな味がするので、ついつい次の鉄火巻きに手が伸びる。

家で「鉄火和え」をつくるのもうれしく、時々やっている。やや脂肪ののった鮪を買ってきて、それを賽《さい》の目に切り、ざっと熱湯をくぐらせた三つ葉を適宜の大きさに切って加える。それをおろし山葵をよく利かせた醤油で和えて、その上から手で粗もみした海苔をまき散らして出来上がりである。

その出来たてを小鉢に盛って、一度鼻を近づけて匂いをかぐと、ツンと山葵の強い刺激が来るのだが、それを三つ葉と海苔の快香が静めるようにしてくれるので甚《はなは》だよろしく、この時点でもうピュルル、ピュルルと涎《よだれ》が湧き出してくる始末だ。

それを口に入れて噛みだすと、コクみの利いた鮪の濃厚なうまみを山葵の辛みが囃し立て、そこに三つ葉や海苔のさわやかな風味も調子を合わせてくるのでたまらない。酒の肴によく、また、丼に盛った熱いご飯にぶっかけると、たちまちにして鉄火丼と相成るので重宝だ。

【立喰い蕎麦《そば》】

毎日が「激忙」という名のどしゃ降りの雨に降られている味覚人飛行物体の我が輩、行く先々で時間のない昼飯時などは、立喰い蕎麦という妙手を使って重宝している。これがまた、腹が減ってるときはうまいんですなあ。

立喰い蕎麦屋はもともと、大きな駅の構内にあったものであるが、今は繁華街の中や飛行場の出発ロビーあたりまで進出してきたので有り難い。蕎麦を注文して出てくるまで大体が一分から二分、それを啜って食べ終えるのに三分から四分。つまり五分か六分で食事は終わることになるから、この蕎麦は超特急胃袋号だ。日本人は昔から速飯《はやめし》食いの民族ともいわれ、お茶漬け、汁かけ飯、卵かけご飯、納豆飯などはその代表である。

立喰い蕎麦のごときは速いだけでなく、立ったままの食であるから一層すごい。食べ終えたらば、代金をそこに置いてたった一歩で外に出られて、ハンカチで口を拭きながら、つまようじでシーハーシーハーしながらもう次の目的地に移動できるのだ。おそらくこの地球上に現存するあらゆる民族の中で最も速飯食いはやはり日本人であろう。

さて、立喰い蕎麦屋にもいろいろある。しっかりと鰹節《かつお》から出汁《だし》をとった汁《つゆ》と、蕎麦も腰のあるいいものを使っている「うれし屋」タイプと、相変わらず化学調味料をかなり使い、上品とは言えない汁にもってきて、蕎麦の方もぐんなりとしていて、あまりおいしくない「がっかり屋」タイプである。まあ、これまで食べてきた立喰い蕎麦といえば、かなり多くががっかり組であった。

「二七〇円ぐらいの蕎麦にあまり注文をつけるな」と立喰い蕎麦屋は言うかもしれないが、こちらだって、場所をとらずに立って啜り、それも五分以内で終わって、食べ終えた食器はこちらが返却場所に戻すといった、店側が常に考えている客の回転の早さと人件費の節減に協力しているのだから、その辺りを考慮して、少しでもおいしい蕎麦を出してもらいたいものだ。

さて、立喰い蕎麦屋に入って注文するのは大概は「肉蕎麦」にしている。豚の三枚肉を薄く切って、それを甘じょっぱく煮付け、熱い蕎麦の上にのせているやつだ。とにかく肉といえば豚肉が大好物で、それもブヨブヨした脂身の付いたものを見たりすると、涎がわき出てきて止まらない。

出された「肉蕎麦」に刻み葱をまき、七味唐辛子をパッパッと振り込んで啜りはじめる。まず丼を両手で持ち上げ、それを口先に持っていき、匂いをかぐ。かすかに出汁取りのときに使った鰹節の匂いがして、そして酒と醤油に染められた豚肉から、ほんの少々の野趣的な肉臭がきて、そこに刻み葱の快香が舞い上がってきて、もうどうにもならなくなって、尖《とが》らせた口で汁をズズーッと啜る。

すると今度は、口の中に汁が熱々と広がって、とたんに濃厚なうまみが充満して来る。やや甘さを伴った濃い出汁のうまみと醤油の濃厚な「うまじょっぱさ」だ。

そして丼をテーブルの上に戻し、いよいよ立ったままで蕎麦を啜る。立喰い蕎麦のうれしさのひとつは立って食えることで、躾《しつけ》の厳しかった少年時代、どんなものでも立って食ったらば親父の鉄拳が飛んできた。あの時の圧迫感が今でも頭の中にあるものだから、その反動なのだろうか、立喰い蕎麦屋で立って食えるのがとても痛快で楽しいのだ。

さて、汁をひと啜りしてから、まず蕎麦をズズーッ、ズズーッとふた啜りして口に入れ、かみはじめる。すると口の中には出汁の効いた美味な汁が広がり、その重厚な味の中に、蕎麦から溶け出してきた甘みがチュルリチュルリと混ざっていく。そして、ここで今一度汁を啜ると、今度はその汁からぺナナとした薄い感じのコクが広がってきた。豚肉の脂身が溶けて、汁の上にキラキラと浮かんでたものがそうさせたのだ。

その豚肉のコクに誘われて、いよいよ煮付けられた豚肉を食うことに意を決した。薄く小さめに切られ、甘じょっぱく煮付けられた三枚肉が、蕎麦の上に五、六片のっている。肉はややべっ甲色で、脂身のところはブヨンブヨンとしていて半透明。じっとこちらを誘っているんですなあ。

それを一片、箸でつまんで口に入れてかんだ。甘じょっぱさの中に正肉の身から湧き出してきた実に濃厚なうまみが広がり、それを脂身から溶け出してきたペナペナとしたコクが囃すものだからたまりませぬ。豚肉好きにとって、まさにこの味が夢追い味なんですなあ。そして、その肉がまだ口に残っている時に、蕎麦を啜って、今度はそこに蕎麦からの甘みも絡ませてやる。ああ、美味の極地。街には二七〇円から三〇〇円ぐらいの、格安の味覚極楽もあるのです。

【鯱《ほっけ》の塩焼き】

街の裏通りの食料品店で塩鯱を買ってきた。その店の前を歩きながら、反射的に少年時代の学校の弁当を思い出したからだ。昭和三十年代の中学生時代、弁当の魚系のおかずというと大体が塩鯱を焼いたもの、鯨《くじら》の味噌漬け、身欠き鰊《にしん》の煮付けと決まっていた。うひょー豪勢な、と思うけれども、当時これらは本当に安く、そしていずれもうまかったので、いつも頼んで弁当に入れてもらっていたのである。

なかでも塩鯱は、とても塩味が効き、脂が乗っていて、育ち盛りの欠食児童にとっては食欲がもりもりと出て飯が実にうまかった。今の小学生や中学生の中には、骨の付いている魚を嫌う者も少なくないということだが、我が輩の時代はとんでもない話で、骨までバリバリとむさぼったものだ。その郷愁をくすぐるような塩鮴をひとパック買って、心躍らせ、鼻歌など口ずさんで家に帰った。明日の弁当は久しぶりに塩鮴だと思うと、心の底からうれしくなって胸がキュンキュンした。

翌朝、弁当箱にはやや大盛りぎみの飯を盛り、その上に焼いた塩鮴をのせ、それを持って出かけた。昼になるのが楽しみで、食べる時を思うとまたまた胸がキュンキュンする。そして至福の時到来。弁当箱の飯の上に焼いた鮴の切り身をどんと置いただけ。ただそれだけで眩しいのである。もはや胸キュンは治まって、今度は涎タラタラのありさまだ。その鮴の中央辺りにまず箸を入れて、皮の上から肉身をむしりとる。それを口に入れてかんだらば、甘酸っぱい味と淡泊な感じの甘みとうまみ、脂肪からのコクみなどがじんわりと出てきて、頭の中が真っ白くなるほどのうまさを感じた。おっかけて飯を口に入れてやると、今度は耽美《たんび》な飯の匂いが鼻に通って、そして上品な甘みが口中に広がり、それが鮴のうまみとコクと相まう形となって、さらにうまさが増すのであった。

あまりにその鮴がうまいので、今度はじっくりと観察してみることにした。すると目からもそのうまさがよく感じられる。皮と肉身の間に白く透き通るようなブヨブヨとした脂肪層があって、その下には真っ白な肉身がプルンプルンといった感じで付いていていた。そこを箸でほぐしてみると、骨離れのよい肉身は百合《ゆり》の根の鱗片《りんぺん》のごとく、一枚一枚離れて取り出せるのであった。

その離れ身を一片とって口に入れてかんでみると、そこから極上の美味がチュルリチュルルリと湧き出した。ああ、ひと切れ約一〇〇円也の口福だ。

【韮《にら》】

料理のとき、韮という食材ほど相手を選ぶものも珍しい。人間界でいえば、「人見知り」の強すぎる野菜だ。しかし、その性格を逆手にとって相手を選ばせると、これ以上の美味な野菜はない、といったくらいに大ブレイクするから頼もしい。

その最もいい例は、牛豚鶏などの肝臓であるレバーとの相性だろう。街の中華料理店に入れば、必ず定番のメニューに「ニラレバ炒《いた》め」というのがある。あれはまったくおいしいですねえ。血抜きしたレバーを、韮とともに油で炒めたものだが、韮はレバーの獣臭を消して、甘みを付け、そして自らレバーのうまみを吸収し、実においしくなる。

家の近くに小さな中華料理屋があって、実は週に一度そこに行って、「ニラレバ炒めライス」を楽しんでくるのだが、いつ行ってもおいしく、裏切られたことはない。丼に熱熱《あつあつ》の飯が盛られ、その脇に「ニラレバ炒め」を盛った皿が来る。この店のうれしいのは、味が大層よろしいのと韮とレバーの量が実に多いので、腹いっぱい味わえることである。まず、飯をひとくち口に入れてから、それを追っかけるようにすぐに「ニラレバ炒め」を箸で取り、口に含む。

ムシャムシャかむと、油で炒められた韮の匂いは香ばしく、口の中では飯と韮の甘みが一体となり、そこにレバーの濃厚なうまみがヌメッとした滑らかな感覚で迫ってくる。とりわけ韮のシコシコした感触に、レバーのネトリ、トロリとした対照的な感覚が実によく、そこに飯のフワリ感が割り込むので絶妙となるのである。

丼の飯も半分以上食べ、「ニラレバ炒め」も少し残って、皿の底には炒め汁が溜《た》まったところを見計らって、いきなり丼飯の上からそれをぶっかけるのである。すると今度は、飯の一粒一粒が「ニラレバ炒め」の総合美味に染められて、それまでに味わえなかった新たな「ニラレバ炒め」の境地を知ることができるのである。

韮と卵がよく合うのも、昔からの料理を見るとよくわかる。韮の吸い物は多くの場合、卵綴《と》じが常識だし、中華料理風のカニタマにも韮を入れることが多い。実は先日、豚肉と白菜の鍋をやった後、鍋に残った汁に飯を入れて雑炊《ぞうすい》にした。その時、韮のみじん切りも加え、最後に鶏卵でとじたものを食べたところ、それまでの雑炊とはひと味もふた味も違う風味が出てきて、韮はこんなに底力があるものかと、あらためて見直した次第だ。

【皮剥《かわはぎ》】

大阪は黒門町《くろもん》の小さな料理屋に飛び込んで一杯やることにした。元気のいい店の親方に「一番うめえ魚造ってくんな」と言うと、「よしゃ、いきのいい博打《ばくち》うちがいるからそいつをやったるで！」と威勢良く返ってきた。

博打うちの刺し身って一体何だろう、と待っていると、平皿に奇麗に薄造りされてその博打うちが出てきた。

ずいぶん肌が白くて奇麗で透き通っているなあ、と思って感心してみていたら、親方「今、皮剥は旬やさかい、ごつううまいでっせ」と言った。博打うちとは皮剥のことか、と、やっとその正体を見て安心して、付いてきた肝を付け醤油に溶かして、それをつけながら皮剥の刺し身を賞味した。

口に入れると、肝のコクの中に薄肉身から出てきた上品で優雅な甘味が重なってきた。それをかんでいると特有のコリコリシコシコとした歯応えが妙だ。そしてさらに今度はつぶされた肉の中から、甘味の後を追うようにして高尚なうまみも押し寄せてきた。さらにさらにかみ続けていると、いよいよもってのどの奥にのみ下してしまうのが惜しいほどになってきた。いましばらくかみかみしながら、もう口の中がトロトロになったあたりでゴクリンコとのみ下した。

こうしてじっくりと皮剥を味わってみると、その真味というものはただ者ではなく、淡味集合して極味をなすがごとく、まさに妙味必淡の味であった。

それにしても、なぜ博打うちなんて異称を付けたのだろうか。その博打うちを味わいながら酒を飲んで考えていたらば、その正解が頭脳明せきなる我が輩の頭をよぎった。つまり、皮剥は皮をはがされて丸裸にされてから料理される。博打うちも賭場で負けると身ぐるみはがされて丸裸にされるというたとえからそういう異称が付けられたのであろう。

その皮剥があまりにうまかったので、店の親方に「もっと皮剥料理を所望したい」と言うと、まかしておきな、と造ってくれたのが煮付けと潮汁《うしおじる》だった。煮付けはあっさりとした醤油味にしてくれたので皮剥の持つ真味と再び出合えてうれしく、また潮汁は、肉がしまって骨離れが良いくらいのものだったから、その淡泊さが汁をぐっと上品に仕上げてこちらの方も大層美味であった。

ああうまかったと言って、代金を支払ったらそう高くもなくて、財布も丸裸にされずにその夜はご機嫌ご機嫌で黒門町を後にした。

【桜餅】

桜の蕾《つぼみ》が膨らみはじめるころ、町の和菓子屋には桜餅が出はじめる。子供のころはそれがとても楽しみで、祖母から「吉野屋に行って桜餅を買ってきておくれ」と言って、お金を渡されると、待ってました合点だ、とばかりにポケットにお金をしまい込み、全力で走り出す。今思うと、その時の走る速さは江戸の早飛脚より上だったかもしれない。

吉野屋に着くと、祖母から預かってきたお金分だけの桜餅を小さな紙箱に入れてもらい、お駄賃に花見団子を一串もらって、それをペロペロと食いながら家に戻るのであった。吉野屋に行くときの速さに比べて、祖母の待つ家に向かう速度は比較にならぬぐらい遅く、「駿馬《しゅんめ》対鈍牛」といった具合であった。花見団子をじっくりと味わって平らげると、一度立ち止まり、今度は紙箱を開けて中から桜餅を二個取り出し、それをペロリペロリと味わいながら再び歩き出す。あの時の桜餅はうまかったなあ。

こうして、祖母には十個の桜餅のうち八個何気なく黙って渡し、あとは涼しい顔をしている。祖母はいちいち桜餅の数を確かめるほど、小心翼々の人ではなく、大層な大物であったので、二つくらいちょろまかしたとてわかりはしない。その直後、祖母はやっぱり大物だなあとつくづく感じたのは、「ご苦労さま、あいよ」と言って、いつも二つほど渡してくれることであった。おおらかな時代とはいえ、四割も利ザヤを稼ぐ悪徳少年って、まったくいけない私でありましたなあ。

そんな少年時代のことを思い出し、今でも毎年、この時期になると歳時記のごとく桜餅を買って食べる。で、先日も自宅の近くにある和菓子屋の軒先に「桜餅」と書いた短冊が貼ってあるのを見てうれしくなって買い、少し渋めのお茶の茶請けとした。桜餅をひとつ手にとると、そこからは桜の葉からの耽美なほど甘い匂いが立ち上ってきて鼻をくすぐった。そして、葉の下にチラリチラリと見える餅の部分は妖《あや》しいほどの薄桃色で、何となく色気さえ感じさせるのであった。

いよいよドキドキしながら葉をそっとめくり取り、あらわになった桃色の餅にやさしく唇と歯を当ててひと口いただく。それをかむと、とたんに鼻にまたあの甘くせつないほどの耽美な匂いが来る。そして口の中には上品で抑えめな甘みが広がり、それが葉から出てきたやさしい塩味と一体化して絶妙感を増し、さらに、餡のサラリとした感触と餅の軽い粘りの対比もうれしく、そこに渋めの熱い茶をずずーっとすすって、嗚呼《ああ》極楽極楽。

【伊勢海老《いせえび》】

長い髭《ひげ》と曲がった腰の姿から、長寿を祝う縁起物として昔から珍重されてきた伊勢海老は、日本国民の憧れの食材である。だから、高価で、なかなか口にすることはかなわない。

そ、その伊勢海老がな、なんと氷詰めにされて5尾も手に入った。沖縄県石垣島の友人たちが、愚著の出版祝いだといって、前ぶれもなく送ってくれたので、感動の余り、気絶寸前に陥ったのである。とにかく正気に戻った我が輩は、すぐさま遥か彼方の南西諸島方面に向かって万歳三唱したのであった。

さあて、どうして食べようかと長考1時間。2尾は刺し身とし、あとの3尾はそれぞれ鬼殻焼き、具足煮、蒸し海老に決定した。せっかくなので我が厨房「食魔亭」に出入りする友人たちも電話で呼び出し、出版祝いというよりはむしろ「伊勢海老祭り」の様相を色濃くする食事会とすることにした。

まず刺し身を造り、次に二つ割りしてから醤油だれを付け焼きしての鬼殻焼き、さらにこれも縦二つ割りして、酒と醤油と味醂を等分に合わせたもので煮た具足煮、そして丸のまま蒸し器で蒸し上げて、すべての料理が完了、いよいよ至福の時の到来だ。

最初に刺し身を食べてみた。ちょんと山葵醤油を付けて口に入れた身は、歯に応えてプリプリとしていて、そこから伊勢海老特有の濃厚な甘みがピュルピュルと湧き出してくる。

次に、蒸した海老から取り出した身をぶつ切りしてマヨネーズに和えたものは、身が歯にシコシコと応えて、そこから刺し身の時よりもさらにさらに甘いうま汁がジュルジュルと湧き出してくる有様だ。具足煮に至っては、海老の上品な甘さが日本ならではの調味料に囃されて、さらに濃厚豊満な甘みとうま味を放ってきた。

鬼殻焼きも結構な味で、殻からハラリと剥がれた身の一部を口に入れて噛むと、すぐに鼻から殻が焼かれた香ばしい匂いがきて、次にむっちりとした身から、またもやあの濃厚な甘みがジュルジュルと湧き出す始末である。

そしてさらに美味であったのは、誰もが垂涎《すいぜん》の的である「海老みそ」だった。眩しいほどの山吹き色の部分で、生はドロリとしていて、そこから奥深いうま味と甘みが口中に広がって行く。熱が加わった海老みそは、一転してネットリとしていて、強烈なうま味とコク、甘みがジュワリジュワリと湧き出してくるのであった。

さらに頭部や殻を使って味噌汁をつくったのであったが、これはもう味覚極楽の境地、と申してよろしいほどのものであった。真っ赤な頭や殻の色に味噌の黄金色と撒いた三つ葉の緑色。それをズズーッと啜った時の濃厚なうま味と甘みは、確かに極楽だ。

【握り寿司】

江戸前の握り寿司が大好きだから、月に2、3度は必ず賞味している。大概は行きつけの店で好きなものを握ってもらっているが、時には築地の市場内食堂で、また旅で地方に出た時にはその港町の市場食堂の握り寿司屋で、粋に摘《つま》むことも少なくない。また、街を歩いていて、昼飯時になって、急に今日は寿司が食いてえ、なんて思いついてしまうと、もう頭の中はそれだけでいっぱいになり、近くにある寿司屋の暖簾《のれん》をくぐることも時々ある。いきなり初めての寿司屋に入った時には、さまざまな寿司種《だね》（ネタ）で握ってから鮨鉢《すしばち》に入れたいわゆる「盛り合わせ」を注文するのが常である。

その「盛り合わせ」には、店によって「特上、上、中、並」あるいは「松、竹、梅」といったランク付けがなされている。我が輩は大概「中」か「竹」を注文する。大好きな鮪の場合、大トロや中トロよりも赤身が好きなので、自然にこのランクを選ぶことになるのである。

先日も昼食時、東京都内の神田駅近くで寿司を食べてきた。客の込む時間帯のためか、かなり賑わっていた。注文し、十分ぐらいじっと待っていると、鮨鉢に入った握り寿司と大きな茶腕に入ったお茶が運ばれてきた。鉢の中の寿司を数えてみると握り10貫、巻きものは鉄火巻きと干瓢《かんぴょう》巻きそれぞれ3個ずつ入っていた。

握り寿司の内訳は鮪2貫（中トロと赤身）、烏賊《いか》、鯛、小鰭《こはだ》、赤貝、車海老、穴子、細魚《さより》、卵焼各1貫であった。神田は築地にそう遠くはないので、どのネタも新鮮で、色や光沢もとてもよい。

まず鉄火巻きの1個を口に入れて噛んだ。瞬時に海苔の快香と山葵のツンツンが鼻孔から抜けてきて、口の中には鮪の濃いうま味と海苔からの上品なうま味、酢飯《すめし》の微かな甘味などが拡散していく。次に大好物の小鰭をつまみ上げ、チョンと小皿の醤油に付けてから食べた。すると今度は、小鰭から粋なうま味と、それを締めた酢の酸味、さらに酢飯の甘酸っぱい味などがピュル、ピュルと湧き出してきて妙であった。

そして車海老だ。つまんで口に入れて噛むと、ポクリ、ポクリとした身から特有の上品な甘味が出てきて、それがとても酢飯と合い、また、烏賊にチョンと醤油を付けて頬張ると、身のコキリコキリとした歯応えの中から、まず山葵のツンツンが鼻に抜けてきて、そのうち口中に烏賊のネットリとしたうま味と甘味が広がった。鮪の赤身からは、濃いうま味がぬめっと出てきて、それが醤油のしょっぱ味と酢飯の甘酸っぱさと一体となって頬落舌躍《ほおらくぜつよう》の域にあった。

【川蟹《かわがに》】

〝ムサボリビッチ・カニスキー〟の渾名を持つ我が輩は、これまで世界の各地で蟹を随分と食ってきた。カムチャツカ半島のタラバ、アマゾンの奥地マナウスの泥蟹カランゲージョ、中国浙江省《せっこう》の上海蟹《しゃんはいがに》、メコンの巨大川蟹、日本では釧路《くしろ》の毛蟹、根室の花咲蟹、石垣島のノコギリガザミ、瀬戸内海の渡り蟹、越前三国の越前蟹（ズワイガニ）などなどで、どれもこれも美味かった。

しかし、これまでの蟹道楽を通して、我が輩の心の中では世界一美味い蟹ではあるまいかと、強く印象に残っているのは佐賀県唐津市浜玉《はまたま》町にある「飴源《あめげん》」の川蟹の一種の藻屑蟹《もくずがに》である。

「飴源」は歴史も古く創業は天保《てんぽう》九（一八三八）年という。店名は初代源吉が当地で川魚料理屋と飴屋を営んでいたことに由来する。店の裏手を流れる玉島川《たましまがわ》は、昔からアユが踊る清流として有名だが、川が玄界灘《げんかいなだ》に注ぎ込む河口近くにあることが、ここに藻屑蟹の一大群棲地をつくった。山々からの肥沃《ひよく》な水を送り込んでくる支流の数も多く、その上、川底はすべて砂地、そして海に至近という絶好の繁殖環境が整っているために、このような名産地となったのである。

店の古風な本館客間と、道路を挟んだ向かいに流水式の生簀《いけす》があり、そこには何百尾という数の藻屑蟹が生かされている。「飴源」専属の藻屑蟹採り名人が採ってきた蟹が、その生簀に入れられるのだ。

味覚人飛行物体の我が輩は、もうこの店に何十回と通っている。とにかく「飴源」の蟹の美味さが忘れられず、何とか時間をつくっては行くのであるが、実は先日も行って、味覚極楽を堪能してきた。注文して待っていると、見事に蒸し上げられた真っ赤で大きな藻屑蟹が九ハイ、大皿に盛られ運ばれてきた。我が輩はもうそれを見ただけで、パブロフ博士の犬君のように涎が自然に出てきて興奮した。とにかく蟹を一尾つかみ取ると、ズッシリとして重い。心ときめかせて胴部と殻部とをパカッ！　と割るようにして二つに引き離すと、わあぁ、凄《すご》い。嬉しい。甲羅の内側にも、胴体の中央部あたりにも、例の赤みがかった橙色《だいだい》の蟹味噌がベッタリと付いている。すかさずそのあたりに口を付け、舌でペロペロしたり、チュウチュウと吸ったり、舐めたりした。その蟹味噌の濃厚でコクのある味は、たちまちのうちに我が輩の大脳味覚野系器官に反射されて、もう極限の美味状態に達したのである。この世に、人間がいまだ本性をつかみきれていない幻の真味があるとすれば、正しくこの味かも知れない。「淡味集合して濃味を成し、その濃味強からずして無上の淡味を呈す」。我が輩はその玉島川の川蟹の味をこう見た。

大型の雄蟹のむっちりとした肉身は、甘く上品なうま味で充満し、また雌蟹の、赤みがかった妖しいほどの代赭《たいしや》色の卵巣は、クリーミーなコクと濃いうま味が絶妙であった。こうして夢中で貪り、ついつい気づいたら我が輩は六ハイの藻屑蟹をきれいに平げてしまっていた。

次に「藻屑蟹の炊き込みご飯」と「蟹汁」が出てきた。炊き込みご飯は、ぶつ切りにした藻屑蟹が米と共に炊き込まれ、ゴロゴロと入っている。その飯粒は、蟹のエキスや蟹味噌などを吸って、薄い燈色に染まっていてとても美しい。藻屑蟹の味噌汁も、濃醇なコクとうま味に満ちていて、飯にぴったりと合っていた。ああ、美味い!!

「飴源」は、四代目の現主人・田中三好さんが御子息豊司《とよし》さんとともに板場に立ち、接客は女将《おかみ》の千富さんとお嫁さんの裕子さんらが当たっている。何と言っても、すべて天然ものの素材しか使わない、という鉄則を江戸時代から頑《かたく》なに守り続けているのだから、味に振《ぶ》れはない。

三好さんは、ここ何年も玉島川の上流に植林をしている。川の豊かさを持続させるなら、山を豊かに繁らせなければならないことを知っていて、それを実践しているのである。また、前々から鮭の稚魚を育て、それを小学生らとともに玉島川に放流してきた。「この川には鮭が上ってくるんですよ。恐らく日本最南端でしょう。コンクリートではなく、石積みの護岸が鮭や自然に優しいんでしょうね。これからも子供たちとともに川を守って行かねばなりません」と三好さんは語っていた。自然とともに生き、生かされていく。そんな極意を悟った、本当の自然人の手による料理だからこそ、天下無敵なのだ。

【第二章】

味覚極楽

【中国食材考】

薄汚れた壁に一本の棒が横渡しになっておりまして、そこに何本かの釘が打たれていて、その釘に脂肪《あぶら》付きの豚の皮、開いて干した鶏肉、栓抜き、金網、杓《ひしやく》、干した豚の内臓が掛けられています。これだけではどうも食堂としての体裁が悪いとでも思ったのでしょうか。それらのぶら下がりものの上に全くもって美しく旨そうな果物の大きなポスターが一枚貼ってありました。そして、その壁の下には本日の菜単（メニュー）といったものが無造作に並べられています。ポスターにつられて、「おっ！　旨そうな果物があるぞ」なんて入ってきた人はまことに残念、見事にひっかかりました。

まぁ、中国の地方に行きますと、街道筋の食堂というのは大体こんな風景が多いのでありますが、「歩く胃袋」といわれるような私ぐらいになりますと、実はこういう店の方が非常に食欲が湧くというものなのです。で、こういう店に入りますと、まず主人と友人になります。日本の食堂のように、見えない別の部屋の厨房で料理するのではありませんで、客が食べるテーブルのすぐ横か前で料理してくれますから、料理も見られますし、「おっ、そこそこ、そこの脂肪身《あぶらみ》のところ、いま少し厚く切ってよ」なんて注文することだってできるのです。ということでありまして、その時も、私は食堂の主人とたちまち仲がよくなり、二人で料理の腕を競うことになりました。

日本の料理人ならおそらく決してこのようなことは許さないでしょうし、第一、神聖なる厨房になど入れてくれませんが、懐が深いというのかおおらかなんですねぇ、中国の料理人は。そして申し訳ないぐらい丁寧に包丁のことか、鍋の火加減などを教えてくれるのです。

まぁ日中料理対決といきたいところですが、てんでてんで、私など足元にも及びません。そりゃ横綱と序ノ口よりも、もっと差のある対決なのです。なに？　そっちのお父さん、テレビに出てくる日本の料理の鉄人とどっちが上かって？　そんなこと聞くのあほやさかい、聞かんといて！　決まってまんがな。中国のこういう田舎の食堂のお父ちゃんたちはね、三〇分もあったら超美味料理の五、六品はあっという間に作っちゃいますぜ。

まあ、それはそれとして、とにかく中国の料理というのは歴史と伝統がありますから、そこに携わる料理人というのも天性の技術と感性を持っているのです。北京の宮廷料理だ、上海の烤鴨料理だ、それ満漢全席だ、ほら三畳水席だ、何だ、かんだといった類の豪華レストランの料理人の腕も、そこから二〇〇〇キロメートルも離れた山村の食堂のおっちゃんの腕前も、料理の基本は変わらないから確かなのですよ。料理人一〇〇人いれば一〇〇の味があるのです。だからね、中国に旅したら、大都市の豪華な食堂ばかり食べ歩いてないで、こういう田舎の料理屋のお父ちゃんの料理を食べてみなさい。

そりゃ本当に美味なのに感心致しますから。

中国の料理、そして料理人が素晴らしいのには理由《わけ》があります。それは「食」という文化の背景にしっかりとした思想というのか哲学がありまして、それを何千年もの間伝えられているからです。これまで中国に二十数回行って、私めが舌で感じたそれらの哲学というのか考え方というものを整理してみますと、以下のようになろうかと思います。

第一は「食材自在《しょくざいじざい》」。本当にこの国は何でもよく食べますし、それだけ食材が多いので、その帰結として、料理人は勉強がよく出来、料理はバラエティ豊かになります。とにかく普通の青菜や魚、肉のほか、珍しいものでは海燕《つばめ》の巣、熊の掌《てのひら》、鱶《ふか》の鰭《ひれ》（魚翅《ぎょし》）、駱駝《らくだ》のこぶ、鼈《すっぽん》、猿、犬、蛙（田鶏）、鹿の唇、虫類、穿山甲《せんざんこう》など挙げれば切りがないほどです。そこにもってきて茸類《きのこ》が非常に豊富で、さらには野鳥、獣肉、多種の淡水魚、貝類、果物類など山海の至る所の食材、さらに乾物、塩蔵物、発酵食品、漬物類、乳製品、おびただしい数の麺類、万頭類《まんじゆう》、殻類、酒類のほか、酢類、醤類《ジヤン》（穀醤、魚醤や蝦醤）、味噌類といった五〇種もの調味料、一二五種の油（各種植物油や動物脂）などがあるのです。これらをすべて組み合わせて、そこに火加減とか加熱法（蒸、焼、煮）などが入ってきますので、その料理の数と種類は数万点以上になるのではないかと思われます。

第二は「粗料細作《そりようさいく》」。つまり安い材料に時間と技術（＝手間）をかけて高級料理にするという考え方が中国の料理の背景にあって、それが料理人にも料理の基本として浸透していること。料理の前に、こしらえるその料理に合わせて材料を切りそろえたり、下味を付けたりという点が徹底しています。

第三は「就地取材《しゆうちしゆざい》」。無駄を出さず、無理をせず、材料はいつでもその土地で調達し、それを使って美味な料理を造る心得を備えていること。

第四は「用具過少《ようぐかしよう》」。とにかく中国料理というのは、台所にある調理用の道具や器具が少なく、実に合理的であること。ほとんどの料理が一本の包丁

（中国包丁ですな。あの万能の）と一つの鍋、それに調味料を加えたり、炒《いた》めものをかき混ぜたりする一本の鉄杓のみでありまして、たったそれだけであれほどの料理を作ってしまうのですから、そりゃ驚かないわけにはいきません。日本のテレビで見る料理の鉄人なんていうのは、何人もの助手を使って、大小さまざまな調理器具を持ち込んで、汗をタラタラ流して焦って作っているのなんざあ、スケールが小さい。小さい。

第五は「医食同源《いしょくどうげん》」「薬食帰一《やくしょくきいつ》」の思想が根底になっていること。つまり、薬と食物の源は同じであるという考え方で、すでにこの思想は戦国期の成立とされている『山海経《せんがいきょう》』にその記載があるほどです。さらに『黄帝内経《こうていだいけい》』という古い本にはですね、酸、甘、苦、辛、鹹《かん》のいわゆる五味の調和ある摂取によって健康というものは保たれるのである、なんて書いてあるのです。これには深い意味がありますなぁ。生理感覚が体のすべてを司るという訳です。だから漢方医学の中にも、例えば「ツボ」などという急所を詳しく教え込んでいるんですよねぇ。そしてこれらの教え方が集大成されて成立したのが明代《みん》の『本草綱目《ほんぞうこうもく》』。そこには日常の食物のほとんどの薬効が示されています。ですからそれ以後は、食事によって病気を防いだり、治療したりという事にまで発展して今日に至っているのです。中国の本屋さんに行きますと、例えば『飲食治療指南』とか、『食事療法教授』といった料理書が沢山目につくのはそのためなんですよ。

中国ではよく立って食べます。日本人なら行儀が悪いなぁと誰もが思うでしょう。しかしね、中国では立って食べる人が非常に多いのです。地方に行きますともっともっと多いのです。何人かで食べる時には、鍋を囲んで椅子に座って楽しくやってますが、一人で食べている人を見ますと、外を向いて、明るいところに出て来て立って食べていることが多いのであります。いかにも、俺は今こうして食べているんだぞ、と言っているようです。実は何人かの日本人と中国を旅している時、必ず質問されるのがこのことなんです。「どうして中国の人達は立って食事をするのか?」とね。しかし未だかつて私にはその正確な答えが出てきません。それではと、中国の人達に聞いてみても「わからない」とか「皆がそうしているから」といったものばかりで、てんで答えになってません。

そこで私の推測なのですけれども、それをちょっと話してみましょう。まず外を向いて食べるということ、そして薄暗い家の中でなく明るい外に出て立って食べるということ、これはきっと、本人は意識していなくても、その自然の流れや形の中に、人に見てもらいたい、人に見せたいという思いがあるからではないでしょうか。つまり自己主張が強い民族なのではないでしょうか。食べるということの、生命維持に不可欠の行為を、今日もこうして続けることができているということを人に見せ、そして自分も満足するのです。

今のように食料の豊かでなかった時代は、ことさら食べられることが豊かさの象徴となっていたのであります。明るいところでよく見えるように、そして座っていては目立たない。長い長い食形態の中に、そのような習慣といったものが自然と身についてきたのではないかと思う次第です。

【カニクイザル】

実は私、何をかくそう「カニクイザル」という渾名《あだな》を持っています。食べ仲間たちと「カニクラブ」(CRAB CLUB)というのをやってまして、年に何度か、うまい時期のカニを食う会なのですが、そこで付けられた渾名なのです。

十一月、上海から生きた上海ガニを格安の秘密ルートで買いつけてもらい、そのうえ、やはり格安の荷代で空輸してもらって、ウヒウヒとほくそ笑んで貪ったり、北海道で毛ガニ関係をやっている知人(実はこの人の息子は私の研究室の学生でしたから、私に人質をとられたも同然のかわいそうなお父さん）から、これまた格安の毛ガニだけれども味は抜群といったのを送ってもらったりして「こりゃ馬鹿うめえや」なんて、またもやほくそ笑んで楽しんでいます。

このカニクラブのメンバーたちには、実は私からもそれぞれにカニ名の付いた渾名を秘かに付け返してやっています。いつも「何とぞよろしく！　よろしくどうぞ！」なんて叫びながら這《は》いずり回っている野心家のC氏には「ハイズリガニ」と付けてやりました。また、食べ飲みが始まると最後までやたらしゃべってばかりいるR氏には「カニシャベ」（カニシャブではない）と付けさせていただきました。「カニもいいが面倒くさくて」なんて言っている不真面目なA氏には「ヤマトモノグサガニ」、そして、やたらとその辺り一面にカニの食い殻を撒《ま》き散らすB氏は「カニチラシ」といたしました。

ハイズリガニとヤマトモノグサガニとカニチラシはまだ一匹目を終らず、カニシャベがやっと一匹目を終わり二匹目に手がかかるころ、実は私はすでに四匹目を手にしてるといった具合でしたから、まあカニクイザルという渾名が付けられても致し方ない。「隣の客はよくカニ食う客だ」なんて駄洒落《だじゃれ》を飛ばしている暇もなく、ただひたすら私はカニを手に持って、そのまま貪り食っているわけです。

それが貴方、その時の私の形相ったら見られたもんじゃござんせん。口の周りは傷だらけだから、血だらけ。唇の外側も血。唇の内側も傷で血、舌の先端もあちこちから血、歯を支える上顎《うわあご》の天井からも血。歯と歯の間や歯茎からも血。とにかくカニの足やハサミ、甲羅などに付いている鋭く尖った棘《とげ》が貪りつく私の口の周りの生身をあちこち刺すので血が出るわけです。毛ガニや花咲ガニなんかですと、血が出るだけでなくピリピリヒリヒリと痛む。

時々、傷の具合を把握するために真っ白いおしぼりタオルを口の周りや唇の内側、舌の先端にそっと押し当てまして出血の状態を見るのですが、何と貴方、おしぼりには小豆《あずき》絞りの手拭いのように、真っ赤な血が点々と模様を描いているのです。私はある時それを見て、真っ白い雪の上にパラパラと落ちた真っ赤な南天の実に見たてたものですから、突然ロマンティックな心情になったり、センチメンタルな気分になったりしちゃいました。そんなわけでここでは、地球のあちこちでカニを肴に酒を飲《や》った話をいたしましょう。

まず、ブラジルはアマゾン河河口の町、マカパで食ったカランゲーギョです。アマゾン河流域の川辺にあるマングローブの泥地に棲むやや大型の淡水泥ガニで、市場に行くと、カゴに入れられて売られていますが本当に泥だらけ。しかし、大変に気性の激しいカニでありますから、悪戯《いたずら》をして指でも挟まれたことにゃ、もうその指は自分の体から離れていってしまいます。

マナウスあたりの市場に揚がったやつが最も美味だということでしたが、いやはやマカパの市場のやつも、ど偉い美味《うま》さでした。ただ塩茹でしただけなのですが、甘くてポクポクしていて、山吹色の味噌が多くて、その味噌は濃醇な味でありました。何よりも安いのがさらに美味を呼びまして七顚八倒《しちてんばっとう》の体《てい》で五匹ほど胃袋に納めました。

酒は「イアウカ」というサトウキビのスピリッツでラムの一種を選びました。この酒、庶民階級では「ピンガ」と呼び、都会に行くと「カッシャサ」と名が変わり、政府筋だと「ブラジリアン・ブランデー」と呼び、だけど総称すると「イアウカ」なのです。何だか酒の出世魚みたいな呼び方で面白いわけです。

ところでカランゲーギョを捕る方法を聞いて笑っちゃいました。カニ捕り職人がマングローブの泥地でカニが棲んでいる穴を見つけると、そこに腕を入れて穴を掘っていきます。もう腕が届かないという、肩あたりまで掘りましたら、腕を抜いて、穴の入口に泥を盛る。そこの穴の側に小さな棒を立てて目印にし、また次のカニ穴を掘る。こうして次々に目印をしていって二時間もしてから一番最初のカニ穴に戻ってくると、カニは底の方から這いずり上がってきて、泥の盛られた穴の入口のところでゴソゴソ動いている。そこを、えいっ！　とばかりに泥もろともカニをつかみ捕るのです。

カニはなぜ、わざわざ上に昇ってきて捕まってしまうのか？　そこのお父さん、わかりますか？　実は穴の上に盛った泥のために、カニ穴は塞《ふさ》がれてしまい空気が遮断される。このままいては窒息するぞ、というわけで、カニは苦しくなって上に昇ってきたのです。狡猾《ずる》がしこい人間の勝ち！

中国では杭州《ハンチヨウ》と広州《コアンチヨウ》と廈門《シアメン》の三市で名物の「酔蟹《ツウイシエー》」を嬉しくいただきました。

本場の中国で賞味する前に、日本の中華料理店でも何度か食べてみましたが、やはり断然中国の方が三市ともうまかった。多分、カニが新鮮なことと、漬け込む酒に秘伝があるのでしょう。

この料理、日本では「酔っ払い蟹《がに》」などと名付けられていますが、生きたヒラツメガニ（マル）やガザミ（ワタリ）の、卵がびっしりと詰まったメスをよく洗ってから布で表面の水気をふきとり、これを老酒《ラオチユウ》（紹興酒《シヤオシンチユウ》の熟成したもの）に漬けるのです。するとカニは、突然の老酒に、喜ぶどころか苦しみがりまして、そのうちに静かになり、息は跡絶《とだ》えます。

そのまま一週間ほど漬け込んで出来上がりますから、甲羅から包丁を入れる。肉身や卵巣は、濃いべっ甲色の光沢をもっていて、ねっとりとしたコク味は絶品であります。

広州駅から解放北路を下り、中山道と交差するところを左に折れ、労働帽店と農民運動講習所の前を通ると広州起義烈士陵園に出ます。ちょうど中山三路の辺りだね。その裏の方のゴチャゴチャした自由市場の中にある店がうまいという評判なので行きました。

さすが。「名物にうまいものなし」というのは聞いたことのあるどこかの国のことで、ここの名物「広州酔蟹」は本当にうまかった。口に入れると、肉身も卵巣もじっとりと解けだし、次に絶妙なコク味が口中に広まって、それがトロリと喉を滑っていきます。

酒は辛口だが濃厚な「紹興加飯酒《シャオシンチャファンチュウ》」と、甘口で香りの高い「紹興香雪酒」を選びました。ともに十年物の老酒で、いやはやこの二種の酒、ぶったまげて腰を抜かすほど酔蟹と合いました。酒と肴がこんなにも呼吸がピタリと合うと、なんだか芸術性なんていうものが頭を過《よぎ》ったぐらいでして。

その酒家で「こりゃうまい、うまい」と大声で誉めましたらば、店に集まっていた見物人の一人が古ぼけたラジカセを取り出して嬉しい曲を聞かせてくれました。「夜来香《イエライシャン》」。実に素晴らしいので気分が乗りまして、ついつい飲みすぎて、カニばかりでなく私の方も酔っぱらい客になってしまいました。


福島県と茨城県の境にある八溝高地に住む御存知、八溝の義っしゃんの友人から電話が入りました。

「近ぐの久慈川《くじゆがわ》ですがにいっぺとったがら食いに来ねえべか？　都合つかね

んならししゃあんめいが、もしすまならいっぺやっぺ」（訳：近くを流れる久慈川《くじがわ》でもくずガニを沢山捕ったので食いにきませんか？　都合つかないなら仕方ないが、もし暇なら一杯やりましょう）

そこで私、ふっ飛んで行きました。なにせカニが大好きなカニクイザルなものですから。で、彼が自慢の一品料理をつくるのを見て凄《すご》いのなんの、仰天してしまいました。石臼の中に元気のいいカニを二十匹ぐらい入れて、驚くなかれ、何とそれを丸太棒で上から搗《つ》いて潰しているんです。ついにドロドロに潰れたところに味噌を加えてまた搗いて混ぜ、それを杓子《しゃくし》ですくい取って沸騰している鍋の湯に入れたのです。

ドロドロのカニのエキスは瞬時にフワフワと固まって、鍋全体に浮きながら拡がりました。

ここで鍋の火を弱めてから賽《さい》ころ状に切った絹ごし豆腐と斜《はす》がけに切ったネギを加え、酒少々を落としてから碗に盛って食べさせてくれたのです。題して「カニのフワフワ豆腐汁」。恐れ入りました。

カニから出た甘味とうま味、卵巣やカニ味噌から出たコクなどが誠に調子よく乗り合いまして、私の頭の中の雑念をすべて払ってくれるほど、このフワフワ汁はすばらしいものでした。やや辛口の純米酒を、思いきりの熱燗でやったのも、見事大正解。

ドイツのマイン河沿いに醸される辛口ワインの「フランケン」を酒に、川ガニを楽しんだのはデュンゲルスハイム村。メスガニの卵巣がことのほか美味でフランケンの辛口によく合いましたが、そのフランケンのワインのビンの形は皆同じで古典的な丸型袋状の緑色ビンに詰められているのです。で、あの袋状は何の形を真似たのか知ってますか？　あれはね、ボックスボイテル、すなわち山羊《やぎ》の睾丸の形なのであります。

また、ライン川古城伝説地帯の中心部に、美しい風景のバッハラッハ村がありますが、ここで川ガニの塩茹でを肴に「バッハラッシャー・シュワス・シュタールエック」を飲んだ時の味も忘れられません。店の主人と息が合って、バッハラッシャー・シュワス・シュタールエックを五本、カニを七ハイ平らげました。

彼は私に、プレゼントだといって、自分で彫ったライン川風景の木彫をくれました。この思い出の作品は、私の書斎に今でも飾ってあります。

とにかく、カニを肴に酒を飲みながらワイワイと賑やかにやってきましたが、どこの国もどの民族も、カニの肴という嬉しきものを前にしたらば、もう不幸せなはずはありません。そこには国境を越え、民族を越えて、実にいい笑顔ばかりがありました。

【豚血容器】

酒を入れておく器を調べるため、地球上様々なところを歩き回ってみると、面白い型の器や素材の珍しい器、驚くべき知恵が込められた器などと対面できて感動する。

アフリカでは、普段は魚とりに使っている丸木舟が十日間ほどバナナ酒の仕込み容器に変わったのを見てびっくりしたし、南米には実に様々なヒョウタンの容器があり、その種類の多さや形の面白さに思わず引きずり込まれた。モンゴルでは、羊の皮の袋に馬乳酒を入れて、馬に乗って運んで来てくれた人にも会うことができた。

しかし、これまで見た中で一番すごい酒器は、中国の陝西省《シャンシー》の鳳翔市《フォンシャン》にある名酒・西鳳酒《シーフオンチユウ》の工場にあったものだ。その酒器の名前を「酒海《チユウハイ》」という。西鳳酒は、中国で最も著名な八大名酒（国家が選定した最高品質酒）の一つで、白酒《パイチユウ》（日本で言う蒸留酒の焼酎に当たる）である。そのため、蒸留した後、器に入れて長期間熟成させる必要がある。その貯蔵用の器が酒海なのである。

この容器は、柳の枝で編んだ巨大な籠《かご》に、血料紙《けつりようし》という、豚の血と石灰を混ぜてこしらえた丈夫な麻紙を内側から何重にも糊付けしていって作り上げる。古く中国の古老が独創したものだという。血料紙という紙をはって作る籠製の容器ゆえに、見たことのない人はそう大きな物とは考えづらいであろう。

しかし、小さいものでも五〇〇キロ、酒造場内に固定されている通常の大きさのものであると、何と五〇〇〇キロ（五トン）もの酒を貯蔵することができる。「酒海」の意味は、酒を海の水のように満々とたたえて、たくわえることができるという、容器の体積の大きさからつけられた言葉なのである。

西鳳酒の技師たちは、この「酒海」に酒を貯蔵する利点をまずコストが安く、そのうえ軽くて便利、体積が大きいので、貯蔵量が大きく、酒の欠減と容器の消耗も小さく、一つの「酒海」で数十年の使用に耐える、と話していた。

そして、いまひとつの重要な点は貯蔵中に酒質が優良化することだ。血料紙に固定されている石灰や豚血中のミネラルが貯蔵中の酒と接触しているうちに特有の熟成を生み、酒の芳醇さを増すとのことである。西鳳酒はこうして、大海原の中で眠って三年後、中国の人たちの食卓へまぶしく顔を出す。

【白魚《しらうお》】

白魚の話をしよう。一、二月ごろ、産卵のために河口にさかのぼるのを「上り」といい、三月ものを「下り」と呼ぶ。昔は小さな一盛りを「一樗蒲《ひとちょぼ》」と呼んで二一尾とした。樗蒲とは賽子《さいころ》遊びの一種で、賽の目の全数二一に合わせた。あの小さな魚を一匹一匹数えて売っていたのだから、貴重視されていたことがわかる。

生きているのをそのまま「踊り食い」する残酷さは別として、大変に上品な魚であるから、おろしあえ、酢のもの、かき揚げ、卵とじなどとして珍重される。本来、シロウオ（素魚）とかシラスと呼ばれる魚は、全くの別種で鰯《いわし》の稚魚などの雑魚《ざこ》である。

有名な『江戸名所図会《ずえ》』には「佃島白魚網《つくだじましらうおあみ》」の風景が描かれていて、明治時代までは佃島付近から隅田川の言問《こととい》、白鬚《しらひげ》あたりまで盛んにとれ、夜を徹して白魚漁の篝火《かがりび》が見られたという。

河竹黙阿弥《かわたけもくあみ》の歌舞伎狂言『三人吉三《さんにんきちざ》』の大川端での、お嬢吉三の名セリフ「月もおぼろに白魚の、かがりもかすむ春の空……」などは、当時の状況をしのぶよすがだ。

江戸と並んで岡山でも白魚は有名だが、岡山藩主・池田光政《いけだみつまさ》が白魚漁を奨励したからだという。ほかに出雲松江《いずもまつえ》産、加賀金沢《かがかなざわ》産、三河渥美《みかわあつみ》半島産、筑《ちく》後有明《ごありあけ》川産など、全国に好漁場があった。

白魚はよほど日本文学的な魚なのであろう。さまざまな場面に登場してくる。実に上手に表現しているのが、横井也有《やゆう》の『百魚譜』。「牡丹の花は一輪にて愛せられ、梅、桜は千枝萬葩を重ねて愛せられる。いずれが勝れりとも更に衆寡《しゆうか》の論に及ばず。白魚といふもの世に持てはやさるるは、かの鯛、鱸《すずき》の大魚に比すれば、今いふ梅桜の類に等し」。

前出の河竹黙阿弥の『十六夜清心《いざよいせいしん》』には、廓《くるわ》を逃げ出した十六夜が大川端から身投げをし、それを白魚船に救われる情景に「廓を抜け出し十六夜が、落ちて行くへも白魚の、船のかがりに網よりも、人目いとふ……」とある。

また、「白魚のような」といえば、女性の美しい指の美称で、江戸川柳に遊女との指切りを詠んだ傑作がある。白魚の首を指先に見立てて、「白魚の首剃刀《かみそり》ではすに切り」。美しい遊女と指をからませて約束しても、スパッと切れてしまうはかなさを風刺している。

【お疲れ鍋奉行】

江戸時代の徳川幕府に寺社奉行、町奉行、勘定奉行といった奉行職が幾つもあって事に当たってきたが、今では時代も変わり、巷《ちまた》に「鍋奉行」というのが残るだけとなった。

もっとも、徳川幕府に鍋奉行などといった珍妙なものはなかったわけで、つまり、大勢で鍋料理をする時、こまごまと指図して、鍋料理を監督する人のことを言うのである。

以前、気の許しあえる友人たち五人で居酒屋の二階で鍋を囲んだことがあった。その時の鍋は一般的な寄せ鍋で、タラ、カキ、豚肉、鶏肉、白菜、ネギ、春菊、豆腐などを土鍋にはった出汁《だし》の中に放り込み、煮て食うものである。

さて、鍋の中の出汁がわき出したので、早速白菜から入れていこうとしたらば「待て！」と大きな声がして、そいつは「白菜からでは駄目だ。まずは肉、肉からだ」と言って、自分の箸で鶏肉と豚肉を鍋に入れたのであった。するとこの鍋奉行Aに対して「あーあ、ちゃうちゃう、肉の前に魚とエビや、それ常識でっせ」と言って鍋奉行Bはさっさとエビとタラを入れた。「しかたない連中だなあ、何も知っちゃいない。硬い野菜から入れにゃならんのだよ」と言ってニンジンと春菊を急いで入れた。さすがにこの鍋奉行Cは一番年長であったので、あとは彼の言う通りにした。

これで正式な鍋奉行決定かと思われたのもつかの間、いよいよ煮え上がった鍋を箸でつつく時になったらば、今度は、具の取り方を巡って鍋奉行Dが参戦。さらにポン酢に入れる薬味はダイコンおろしがいい、いや七味唐辛子だと鍋奉行EがCと対立する。そして、空になった鍋を前に気がついてみたらば、五人の鍋奉行とも疲れ果てて、一体何を食ったのかわからぬありさまであった。

【正月食行事の意味】

正月には、昔は特定の食べものや酒を摂る習慣が全国各地にしっかりと残っていた。例えば、大晦日の夕食に添える年取り魚も顕著な例で、東日本では主にサケ、西日本ではブリを用いることが多く、主に「雑煮《ぞうに》」で食べた。雑煮とは本来、神様に供えた食べもの（鏡餅、大根、魚などの神饌《しんせん》）を神棚から下げて食べる調理法で、神と共の食事を介して、神に宿る霊力を幾分でも分け与えてもらおうという「直会《なおらい》」の一種である。

「屠蘇《とそ》」は、正月松の内の祝儀に用いられる代表的酒である。三角に縫った布袋に、肉桂《にっけい》、防風《ぼうふう》、山椒《さんしょう》、百朮《びやくじゆつ》、桔梗《ききよう》の生薬を配合したものを入れ、これを大晦日の晩から井戸の内側に吊《つ》るしておく。元日の早朝に取り出して酒の中に振り出し、一家揃《そろ》って雑煮の前にこれを飲んで祝い、来客にも勧める。松の内が過ぎてから、この袋の中の薬滓《やくし》はもとの井戸に投じ、この井戸水を飲めば年中無病であるといわれた。五種配合したものを「屠蘇散《とそさん》」といい、中国唐代の書には、この生薬のほかに大黄《だいおう》、虎杖《いたどり》、烏頭《うず》を加えて「八角《はっかく》散」と呼び、紅色の袋に入れて、やはり大晦日の暮れに井戸の内側に吊るし、元日に引き揚げ、袋のまま酒に浸した、とある。

　正統では、杯に注いでまず神棚に供え、皆でそれを拝んでから飲み回した。「一人これを飲めば一家疾《くるしみ》なく、一家これを飲めば一里病なし」と唱えて年少者から順に飲んだという。近年でも井戸に袋を吊るしていたが、そのうちに水道の施設が普及してからはこの風習も廃《すた》れ、また最近は袋に詰められた「屠蘇散」としてあちこちで売り出されているので便利になった。酒も口当たりのいい味醂《みりん》を用いる人もいて、上戸との縁も薄らぐとともに、最近では薬効を期待するよりは単なる形式に過ぎなくなった感もある。屠蘇に限らず、生薬を配合した漢方薬を酒に入れたり湯で煮出したりしたものには、薬効成分のほか強い薬草の匂いがある。実はあの快い香りも大切な意味を持っていて、「香は正気を助け、邪気を払い、穢《けが》れを去り、心を養う」とされ、芳香療法（アロマテラピー）の一種として取り入れられてきたのである。この考えは、正月の七草粥に芳香性の高い植物を選んだり、五月の端午の節句に蓬《よもぎ》や菖蒲《しょうぶ》を浴湯に入れる例にも見られる。

七草粥といえば、正月の七日に春の七草の菜、即《すなわ》ち芹《せり》、薺《なずな》、御形《ごぎょう》、蘩蔞《はこべ》、仏座《ほとけのざ》、菘《すずな》、蘿蔔《すずしろ》を俎《まないた》に載せて囃《はや》してたたき、それを粥に入れてまず神様に供えるとともに、それを家族が揃って食べるのが嘉例《かれい》であった。これらの七草は、全て越冬性の強い植物で、冬枯れの季節に貴重な青物を補給できるという、栄養的にも理に適《かな》った行事である。これを食せば万病に効くと信じられ、昔の人はこのような正月行事を大概怠らなかった。

松の内を過ぎてしばらくすると正月の諸材も大半を使い尽くす。そこで台所の方便として、骨までしゃぶるの意味の「骨正月」というのがあった。今はほとんど行われなくなった、昔からの新年行事のひとつである。この日はまず、魚と鳥のアラを水から入れて、中火以下でゆっくりと煮熟し、アラが軟らかになったところで少々の塩と酒で調味して食べた。その本意とするところは、食材を決して粗末にしてはならないという調理上からの教えと、松の内中はとかく酒肴《しゅこう》が過ぎて、胃腸や肝臓といった大切な臓器が疲れているので、体に優しい滋養成分を汁もので送り込んでやるという栄養上からの意味も含まれているのである。

このように、正月の食にまつわる行事は実にいろいろあり、その背景には昔の人たちの貴重な知恵が存分に潜められているのである。今日、それらの慣習が年々薄れていって、次の世代に正しく伝承されにくくなっているのは誠に淋しいことであり、残念なことである。

【初鰹《はつがつお》】

江戸の川柳に「はじめには歯にたちかねる堅い魚」がある。堅い魚とは鰹のこと。昔から肉を乾かして鰹節にする魚で、その乾肉の堅きこと木のごとし、というわけ。で、この川柳の句意は、「初鰹の出立ては庶民ではとても手が出ない。堅魚と書くだけあって、やっぱり歯がたちかねる」というものだ。

とにかく初鰹は値が高く、庶民にはどうしても手が届きにくい、と嘆くありさまは江戸川柳の世界には非常に多く見られる。「初鰹薬のようにもりさばき」「初がつを家内残らず見たばかり」。しかしどうしても食べたい。だが金が足りない。隣の家と相談して半分ずつ買うことはできないか。だが、江戸っ子の見えがあるから、それを自分では言えない。そうだ、売りに来た魚屋に隣の考えを聞いてもらおう、ということになって、「鰹うりとなりへ片身聞に行」。

高値であったのでなかなか買い手は少なく、今のように冷凍技術もなかったので、刻一刻と鮮度が落ち始める。だから魚屋は値を下げても早く売りたい。そこで「今くへばよしと魚屋置いてゆき」となる。鮮度がさらに落ちたものを生で食べると中《あた》る。しかし魚屋は売り尽くさなければならない。そして結末が「はずかしさ医者へ鰹の値が知れる」。

とにかく鰹は初夏の風物。黒潮に乗って南方から回遊する鰹の群れは二月までには薩南《さつなん》に現れる。土佐《とさ》を経て紀州《きしゅう》沖にかかる間は脂肪が乗らないので、鰹節に適している。だから群れの移動地によって、薩摩《さつま》節、土佐《とさ》節、紀州節、駿河《するが》節などの鰹節の名産地ができる。

遠州灘《えんしゅう》を越え伊豆半島沖を経るころから脂肪が加わって、いよいよ江戸っ子が心を騒がせた初鰹の旬が始まる。相模灘《さがみ》に入って魚味満点となり、あたかも目に青葉、山に不如帰《ほととぎす》の鳴く五月初旬から中旬が最もあこがれられる時期というわけだ。

伊豆沖から東京湾沖の鰹がよいといわれるのは、この辺は昔からの火山地帯で、海底には複雑な断層があり、黒潮の流域が陸岸近くに接近してくるために、餌《えさ》となる魚群が来遊してくるから鰹も味が乗るのである。東京湾沖を過ぎて九十九里《くじゅうくり》に回ると、味は佳良だが、鰹節用としては劣るようになる。そしてさらに北上するに従い、脂肪はどんどん加わるが肉はやせてくる。

今はおろし生姜《しょうが》か大蒜《にんにく》、山葵《わさび》を薬味に使うが、昔はもっぱら日本芥子《からし》を使っていた。江戸時代、徳川家継《とくがわいえつぐ》の生母に仕えた大奥の老女・絵島《えじま》とのスキャンダル（絵島事件）で遠島になった役者の生島新五郎《いくしましんごろう》が、配所から二代目・市《いち》川団十郎《かわだんじゅうろう》に寄せた句は「初松魚《はつがつお》からしがなくて涙かな」。そして団十郎の返し句が「その芥子きいて涙の初がつお」であった。

粋ですねえ。芥子は香辛料の中で最も殺菌力が強いといわれる薬味。鰹の生食にこの薬味を珍重したのも江戸の人たちの知恵の一つだったのだ。

【産巣日《むすび》】

むすび（にぎり飯）は、米を主食とする日本人にとって、常に郷愁を抱かせてくれる食べ物である。ひと昔前、熱い炊きたての飯をフーフーいいながら手でまるめていくエプロン姿の母親、それを腹をすかせて今か今かと待つ子供たち。この白くずっしりして、丸く温かく、そして軟らかいむすびには、母親の素朴な愛情が握り込まれているようで、うれしいものであった。だから、この白い飯のかたまりに、塩や味噌で味付けするだけで、もう十分に美味なのであった。

昔はこのむすびを「屯食《とんじき》」ともいった。江戸時代の『貞丈雑記《ていじょうざつき》』には「屯の字をアツムルと訓み、強飯《こわいい》を握りかためて鳥の子の如く丸くしたるをいう也。今も公家方にてはにぎり飯をトンジキという由、京都の人物語せり」とある。飯を握るから「にぎり飯」、結ぶので「むすび」といったが、新井白石《あらいはくせき》の『東雅《とうが》』には、『古事記』の「産巣日」は「万物を生み、成長させる神秘で霊妙な力を持ったもの」と解釈している。

むすびは、手のひらに塩水をつけて握るのが普通で、昔から京坂では俵形につくって黒胡麻をまぶし、江戸では円形ないし三角形につくる。この素朴で簡易な飯のかたまりには、昔から、日本人を大いに重宝させてきた知恵がある。

その第一は、主食の飯をただ塩や味噌で握るだけで、野良仕事や旅の携帯食としてだけでなく、火事や水害などのさまざまな災害時の非常用炊き出しとして、抜群の即席性をもった主食としたこと。第二は、この飯のかたまりを即席食だけにとどめずに、飯の中に梅干、削り節、鱈子《たらこ》、鮭、塩辛、漬け物、佃煮などを詰めたり、表面をのりやトロロ昆布で覆ったり、醤油や味噌を周りにつけてから、こんがりと焼くなどして工夫することにより、簡単で粋な主食の一つともしたことである。

こうすれば、食器はほとんど使うことなく手間が省ける上、手からもうまさが伝わってくる。そして、場所を選ばず、座って食べても、立って食べても、時には歩きながら食べても、さほど行儀悪く思われないという不思議な主食にもなるのである。

ここ数年の外食店の繁盛やコンビニ店の出現で、街のいたるところにむすび屋ができた。「米は本場のササニシキ」とか、「コシヒカリのむすび」とかいった銘柄米を使い、むすびの中には削り節や鮭、鱈子などが入っているから、まずかろうはずはない。だが、買って食べてみると、どうも昔食べたむすびの味とは少し感覚が違う気がする。型はまさしく機械か型器で成形していて、はだがきちんとそろいすぎて、あまりにスマートにおしゃれすぎたためなのか、どう見ても昔のような、どっしりとした感じがない。昔のむすびを知っている者にとっては、いささか物足りない気もする。

むすびをつくるときには、先ず両手に水をつけ、粗塩を塗りつけ、ご飯をとりあげて腰に力を入れてかたく結ぶ。このとき、両手の温かみと湿り気と塩気が、飯の表面に一枚に伝わり、微妙なうま味が引きだされるからなのだろう。

【下拵《したごしら》え】

「一流の料理人になるには何が一番大切ですか」という質問を、著名な料理人にしたことがある。すると「下拵えの場をどれだけ踏んだかですね」と、自信を持って答えてくれた。一流の料理人というのは、気が遠くなるぐらい下拵えの場数を踏みながら育ってくるのだという。芋の皮ひとつむくにも、魚の鱗《うろこ》一枚落とすにも、心を込めて何年もやらなければ駄目なのだそうだ。

彼はこうも言った。「とにかく、無駄を出さないことも下拵えの基本のひとつです。大根の先っぽや葱《ねぎ》の青葉、魚の粗なんて、今の年季の少ない料理人は捨ててしまう人の方が多い。私達昔の料理人は、その部分も食材であると教えられてきたので、大切に使ってきました。ですから下拵えは真剣にならざるを得なかったわけです」

「下拵えも味のうち」という諺《ことわざ》があったが、「下拵え」って人生にも通じるような気がする。人のために努力し、ある時は人のために自分を殺して人を立てる。そのためには忍耐と努力と根性を育てながら、自分も強くなって立派な人間になっていく。この一連の生き方というのは、自分の成長にとっての下拵えだと思うのだ。

つまり自分を鍛えること。それが自分の下拵えであって、精神的にも肉体的にもしっかりと自分を下拵えすることで、「生きている」という自覚と、「生きる」という目的が認識できるのではないか。それには小さい時からの下拵えも大切だ。礼儀とか躾《しつけ》とか、物の考え方、判断力といった社会に生きるための基本といったものを小さい時から下拵えしなくてはならない。今の社会を見ていると、なんだか下拵えのできていない人の方が多いような気がする。

【爆笑食談義】

少し前のことですが、私の処に流行中年作家のA氏と初老作家のS氏が酒を飲みに来たことがあります。互いに無類の食いしんぼうです。その時の肴は、活鮃《いきびらめ》の刺身とその粗を使った粗料理でありました。幸せなことに、青森県の知人が大振りの活鮃を二枚送ってくれたものでありますから、それを肴に一杯飲《や》ろうということになったわけです。彼らがやってくる時間に合わせて、鮃は〆《しめ》ておき、おろしました。

粗料理のメニューはもちろん、粗汁がメインディッシュ。鮃の粗は、潮《うしお》仕立ての澄《すま》し汁で行う人が多いのですが、私の場合は味噌仕立てであります。

具は鮃の粗と絹ごし豆腐と葱だけですが、こうする方が味噌汁のコク味と非常に合いまして美味でありますし、生臭みもなくなり、誰もが嬉しがるものです。また、大きめの活鮃でしたので、魚体をとりまくピラピラの鰭《ひれ》は、こんがりと焼き上げまして鰭煎餅《せんべい》といたしました。さらに、二枚の鮃から出ました中骨は、かなりの量がありましたので、粗汁に使った残りのもので骨酒《こつざけ》も楽しみました。

それはまあ楽しい酒宴でありました。私を含めて三人とも、グルメの好むA級食品よりも、はるかに格下のB級、C級食品の方を好むタイプでしたので、話が大いに弾みました。酒を飲みながら、好き勝手に食いものの話をするのは楽しいものですが、この日は「安くて旨いB級、C級の食べもののベストテンを挙げてみよう」、「これまで経験した食堂又はレストランの中で日本一不味かった店、又は料理を挙げてみよう」、「匂いはひどいが旨い食べものベストファイブは何か」、「自分でB級C級料理屋を開店するとしたら、何を食べさせる店をつくるか」といった、まことに奇抜な談笑でありましたから、楽しさも数倍でした。

貴族主義っぽいグルメや、かっこよさぶりっこの女子高生や女子大生やOL、女の尻ばかり追いかけている浮草のような若者たち、海外旅行はイタリアのベネチアとギリシャのエーゲ海で過ごしたいと思っている仲良しサークルの若者たちなどが聞きましたら、正直言ってこれは逃げ出して行ってしまいそうな食談義でありました。

さて、まず最初の「安くて旨いB級、C級の食べものベストテン」ですが、酒を酌み交わしながらの激論の結果、次のようにまとまったのです。

「①魚の粗　②肉の臓物や筋肉、尾っぽ、などでのホルモン焼き　③納豆　④もやし　⑤冷凍食品の牡蠣《かき》と帆立　⑥鯖《さば》の水煮缶詰　⑦伊東市の干物街道の鯵《あじ》開きと鰯の丸干、小名浜《おなはま》名物秋刀魚《さんま》のみりん干し、全国どこでもの塩鯖　⑧愛媛県宇和島《うわじま》や八幡浜《やわたはま》あたりのじゃこ天　⑨のりたまのふりかけ　⑩ほうじ茶」

次の「日本一不味かった店、又は料理」でありますが、A氏はK県T市の船着き場にあるRというラーメン屋のラーメンを挙げました。とにかくこの店のラーメンはしょっぱくてしょっぱくて飛び上がってしまいそうなうえに、うま味は全くなくて、麺はクタクタに草臥《くたぶ》れ、おまけに鳴門《なると》もシナチクも、海苔《のり》も刻み葱も入っていないばかりか、焼き豚の代わりに薄い魚肉ソーセージが一枚のっていたそうです。ところが、値段は五三〇円と人並みでありましたから、残すのはもったいないと、お湯をぶっかけて塩味を薄めながら、目を瞑《つぶ》って呑み込んだということです。

S氏はF県I市の自然休暇村の中にあった、レストハウスとは名ばかりの店のライスカレーを挙げました。辛すぎる、しょっぱすぎる、苦すぎる、真っ黒すぎる、不味すぎる、吐き気が出すぎるといったうえに、肉はない、福神漬けもない、らっきょうもない、水もない、玉葱や人参らしいものもない。

飯は固い、飯は焦げている、飯は黒い、飯は不味い、スプーンは汚れている、カレー皿は欠けている、テーブルはきたないと、まさに無い無い尽くしであったそうです。しかし、S氏のこと、B級C級食品愛好者として、食べなかったとなれば末代まで残る屈辱となりますので、涙を流しながら、その五〇〇円也のライスカレーを呑み込んだそうです。

私はN県T市の駅の裏にあった、今にも潰れそうな小さな食堂を挙げました。入口に汚れきった縄のれんが垂れておりました。それにくっつくかのようにしてガラスの開き戸があります。そのガラスも土埃《つちぼこり》と車が跳ねた泥で汚れきっていました。こういう店にこそ案外旨いものがあるかも知れぬぞと思って入ったのが運の尽き。そう世の中甘くはなかったのです。私がガラガラと開き戸を開けて中に入りますと、八〇歳に近いお爺さんがたった一人で新聞を読んでいました。そして、そのお爺さん、何しに来たんだという顔で私を見るのです。おそらく、その日最初の客か、あるいはここ二、三日以来の客か、ひょっとすると今週初めての客だったのかも知れません。私がカツ丼を頼みますと、せっかく新聞読んでんのに面倒臭いな、といった態度で造り始め、出てきたのは、三〇分もしてからです。私は待っている間、地方紙を隅から隅まで目を通しましたので、その県の近状をよくよく知ることができた次第です。出てまいりましたカツ丼がふるってまして、溶き卵の下にあるはずのトンカツが見当らないのです。その代わりにポロポロした肉の塊《かたま》りと玉葱の煮込んだようなのが入っていました。驚いてよく見ると何とそれはカツ丼でなく親子丼でありました。私は確かに「カツ丼頼みますよ」と注文し、お爺さんも「ああ、カツ丼だね」と言って造り始めたのに、どこでどう変わってしまったのか、カツ丼が親子丼になっていました。他の客がいないのですから、きっとお爺さんの間違いだろうと思います。

さて、その親子丼を一口、二口食べて絶句しました。飯も鶏肉も、とじた卵も玉葱もまったく奇妙な味と匂いがするのです。親子丼のあの芳香の一端すらなく、何もかも怪しいのです。確かにどこかでその奇妙な親子丼の匂いを嗅いだことがあるのですが、それがどうしてもすぐには思い出せない。食べていいのか止めるべきかと、頭の中で迷いますから、なおさら焦って出てこない。ここで一呼吸入れるべきだと思った私は、立ち上がってお爺さんに水を一杯もらってまいりまして、またその奇妙な親子丼の前に座ったとたんに、思い出しました。ソースです。ソース味の親子丼でした。私はその親子丼を悲しむよりは、ソースを思い出したことにむしろホッとしたものです。カツ丼が親子丼になるわ、醤油を使うべきところをソースにするわとひどい耄碌《もうろく》ぶりでしたが、味の方もまったく駄目で、これでは客足が遠のくのも当たり前のような気がしました。しかし、私にも意地がありますから、これを残すようなことはできません。A氏、S氏同様、目を瞑り、涙を流して呑み込みました。食べたというよりも、水で流し込んだ、と言った方が正しいでしょう。とにかく胃袋の中に収めまして、六五〇円也の代金を支払いました。

千円を渡したのですが、今度は嬉しかった。お釣りが四五〇円ありました。

「臭くて旨い食べものベストファイブ」では、日本の食べものに限定した上で、①くさやの干物　②本熟鮓《ほんなれずし》（腐《くさ》れ鮓）　③行者葫《ぎょうじゃにんにく》　④沢庵《たくあん》の古漬け　⑤鯖のへシコでありました。

「自分でB級C級料理店を開店するとしたら、何を食べさせる店をつくるか」に対しましては、A氏は、「猫飯屋《ねこめしや》」をやりたいそうです。豚汁、粗汁、けんちん汁、粕汁、なめこ汁などの汁をつくっておき、客が店に入ってくると、丼に飯を盛り、好みの汁をぶっかけて出す。ただそれだけで良いというのです。

メニューはこのほかに、例えば「本流猫飯」というのがあって、これは丼に飯を盛り、その上に削り鰹節、すなわち花かつおをぐっと多めに乗せ、その上から菜っ葉のおみおつけをかけたものです。人手は要らない、手間は掛からない、回転は早い、材料費はほとんどかからない、旨い、利益率は高いなど総合的にみても、猫飯屋は絶対に儲かるというのであります。

S氏は、「馬力屋」という居酒屋と、「一膳飯屋」が一緒になったような店を開きたいと申しておりました。体力を失った現代人に力をつけてやりたいという、実に優しい心から出た発想だそうです。食前酒は木天蓼《またたび》酒、食中酒は大蒜《にんにく》酒、食後酒は赤蝮《まむし》酒を出してやりたい。肴にはホルモン炒めや行者葫の味噌和え、レバ刺し、苦瓜の吸い物、鼈鍋《すっぽん》あたりを出してやりたい。S氏はそんなことを夢みていましたが、これは何だか「馬力屋」というよりも「強精屋」といった性格の店のように私には思われました。

さて、私の番ですが、私は「粗屋《あらや》」という店を提唱しました。魚の粗料理専門の店であります。私は常々、肉身よりも粗の方が旨いし栄養価も高いと思っております。また、魚の骨をしゃぶる味がわからなくては、食味を談ずる資格はないとさえ申しておりますので、是非そのようなものを味わう店を作ってみたいと思ったわけです。その店で食べることにより、粗の旨さを悟ることができれば、そこにまた一人、味の真髄を知る人が増えることになります。また、魚屋から出る大量の粗が有効に生かせるばかりではなく、食べられる魚の方も、粗までとことん食べられることになれば、それはもう安心して有難く成仏できるわけであります。

経営するはずの私の方から本音を言わせていただきますと、利点の第一は材料費が格安であること。大概は捨てるところでありますから只同然。場合によっては魚屋の方が頭を下げて届けてくれるというわけですから、これは有難い。さらに調理の必要があまりないことです。すでに調理された後の廃物でありますから、粗屋ではただぶつ切りにしたり、鱗をとったりするくらいなのであります。また、料理をつくるとは申しましても、所詮、材料は粗でございますから、そうこまごまと、繊細な料理は似合いません。そんなわけですから、従業員も私一人で十分。人件費もかからぬことになります。

客に出すメニューですが、粗煮、粗炊き、粗汁、粗チリ鍋、潮汁、粗の摘入《つみれ》の骨団子、粗空揚げ、甲焼き、塩辛、鰭や縁側《えんがわ》の焼き煎餅、白子の酢のもの、鰭スープ、皮焼きなど枚挙にいとまがないほど豊富なのであります。酒は三種用意いたしまして、食前酒が骨酒、食中酒が白子酒、食後酒が鰭酒であります。お茶漬けなど所望されたときには、待ってましたとばかりに塩引き鮭の頭を焼いた「氷頭《ひず》茶漬け」か、皮をこんがり焼いた「皮茶漬け」を出します。また、通人には「煮凍《にこごり》丼」も出したいと思っています。できますればこの店は、街の活きのいい魚屋さんの隣だとか魚市場至近に構えたいものです。魚商たちが出した粗を直《す》ぐにいただけますので、新鮮な材料を居ながらにして手に入れることができます。おそらく、粗の始末に困って、わが粗屋にまで届けてくれることでしょう。日本どころか世界中、この地球上にたった一軒しかないユニークな店、それが粗料理屋です。私はいつか、こんな夢を是非実現してみたいものだと思って、今でも真面目に考えているのであります。

【第三章】

美味求心

【悪魔のライスカレー】

肉屋かスーパーマーケットに行って煮込み用のモツ、腸《ヒモ》、レバー、軟骨《コリ》、心臓《ハツ》を買ってくる。それを人参、玉葱《たまねぎ》、スライスした多量の大蒜《にんにく》とともに、多めの油で一度鍋で炒《いた》める。これにうま味調味料（化学調味料）と塩で味つけしたりして、ほどよく炒め上がったら、それに具がかぶるぐらいの湯を加えて沸騰するまで強火にしてから、あとはトロ火にして二、三時間、時々、水を補いながら煮込む。それに適量のカレールウを加えさらに大蒜の微塵《みじん》切りをできるだけ多めにまいて出来上がり。

夏目漱石の『三四郎』に、一皿六〇銭で登場するハイカラな料理がライスカレーであった。日本には明治の初期から入ってきたが老若男女全ての人気に支えられ、大正時代にはすでに大衆料理店の常連メニューとして普及していた。今では、全国民的食べ物になり頻繁につくられる家庭料理の第一位であり、子供たちが最も好む学校給食の一つである。

ライスカレーが正しいとか、いやカレーライスのほうが正解だとかいった平和な論争に決着がつかないのもよろしい。要は炊いた飯《めし》にカレーをかけて、「ハーハー」言って食べるものであって、決してパンやヌードルにかけて食べはしないのだ。そのパンやヌードルを食っている民族を粉食民族といい、日本人のように御飯粒《つぶ》を食っている民族を粒食《りゅうしょく》民族というが、カレーはまさにこの粒食民族のためにピッタリのものであると都合よく考えれば、先ほどの論争などどちらでもいいのだ。

さてこの「悪魔のライスカレー」はなぜ悪魔なのか。その理由の一つは、とてつもなく高カロリーだという点だ。煮込み用の臓器、とりわけ腸のようなものからは流れるほどの脂肪が出てくる。小川のように流れ出してくる。

カレールウからも油が出てくる。こってりしたトロトロの油がやってくる。これではもう、尋常でないほどの高カロリーになってしまっているのだ。これをパクパク食べる。うまするから腹いっぱい食う。肥《ふと》る。悩む。やはり悪魔だ。

第二は、このカレーは大蒜のまき方次第で、食べたあとの口臭が仰天するほどすごい。これを食って電車にでも乗ると、周りが散りはじめる。誰も、側に近寄らない。孤独になる。

やはり悪魔だ。

十九世紀末の西欧に、「悪魔主義」(satanism または diabolism) というのが流行した。好んで醜悪、頽廃《たいはい》、恐怖などの中に美を見出そうとするもので、その代表選手がポー、ボードレール、ワイルドであることぐらいは、ちょっとした奴なら知っている。

このカレーは、その主義の復活版なのだと大げさに考えながら、心ゆくまでこの悪魔のライスカレーを毎日毎日食べてみよう。そうすると、貴方はきっと肥えに肥え続けて肥満になる。そこだ。その肥満の中に美を見出しなさい。それが悪魔主義の実践なのであります。

【コロッケ】

幕末・明治の文明開化期、西欧から伝わった揚げ物料理に「クロケット」があった。本来は、細かく刻んだ肉に刻み玉葱とスライスしたシャンピニオン（茸《きのこ》の一種）を加え、これにポテト・ピューレを合わせ小麦粉、卵黄、パン粉の順に衣をつけて油で揚げ、トマトをベースとしたソースを添えたものだ。

これを自分たちの好みにアレンジし直し、それを「コロッケ」と称してケロッとした顔で食べだしたのは日本人である。

コロッケの調理法を紹介した日本の料理書の中で最も古いものと思われる『西洋料理指南』（明治五年刊、敬学堂主人著）には「馬鈴薯ヲ以テ俗ニ云ガンモドキノ如キモノヲ製スル法アリ。大ナル馬鈴薯十個ヲ研スリ、生牛肉半斤ヲ細末ニシテ之ニ交ゼ、我ガ菓子ノ唐饅頭様ニカタチヅクリ、ウドンコヲ着セ第一衣トナシ鶏卵黄ヲ着セテ第二衣トナシ焙麦粉《パンコ》ヲ着セテ第三衣トナシテ牛脂《ウシノアブラ》ヲ以テ煮ルナリ」とある。クロケットが、ものの数年の間にコロッケにコロッと変わってしまったことがよくわかる。

コロッケが、町の洋食店に普通に見られるようになったのは明治三十年ごろといわれるが、家庭の副食としてポピュラーになったのは大正九年と位置付けされている。

その年の五月、東京・丸の内の帝国劇場では「女優劇十周年」と銘打ち記念興行を行った。その出し物の一つに益田太郎冠者《ますだたろうかじゃ》作の笑劇『ドッチャダンネ』を上演、その中で「きょうもコロッケ、あすもコロッケ、これじゃ年がら年中コロッケ、アハハハアハハハそらおかし」という歌詞の曲「コロッケの歌」が大流行。たちまち家庭料理としての地位を確立した。

そう高尚なストーリーではないが、こういう喜劇を女優が演じた当時の帝劇の舞台には、「成り金文化」といった風潮があり、その対照的な庶民の象徴物としてコロッケが取り上げられたのだろう。

私はコロッケを飯のおかずにして食べるのが大好物で、やや多めにテーブル胡椒を振りまき、醤油をジャジャーとかけ、熱い飯の上にのせて食う。西洋の油っぽい匂いのなかにコロッケの香ばしい匂いと飯の甘く耽美な匂いが鼻孔で合体。次にコロッケのコク味と飯の上品なウマ味とが口の中で融合。それを胡椒のピリカラさと醤油のしょっぱい美味《うま》さが囃《はや》し立てるので、飯もコロッケもあっという間に胃袋にすっ飛んで入って行ってしまう。

【粗汁《あらじる》の色】

食べものや料理には、さまざまな色調とか色合いとか彩《いろどり》などというものがありまするが、粗汁の色も、よくよく観察してみますとじつに美しくも楽しいのであります。赤い色がことのほか鮮やかだったのは、御前崎の浜辺にある漁師の庭先でやった尾長鯛《おながだい》の粗汁の時でした。頭や尾や鰭《ひれ》をぶつ切りにして、それを豆腐や葱とともに煮込んで味噌仕立てにしたものですが、尾長鯛の赤身が豆腐の白や味噌の飴色と非常によく調和しまして、眩《まぶ》しいほどでございました。目を海に向けますと、海面の青さが目に滲《し》み、そして粗汁に目を戻しますと輝くばかりの真紅。まったく目の保養ができて嬉しいのでございました。

とかく日本人というのは、料理に対しては、味のみならず形や色彩もうるさい民族でございますから、日本食文化の中で発展してまいりました献立形式のうち「本膳料理」、「懐石料理」、「会席料理」、「精進料理」、「普茶料理」などは、視覚に訴えることを基本にしたものなのであります。盛る料理によって材料の色や食器の絵付け模様、色彩、形、盛り付けの深浅などを強調することは、おいしさを目からも強く誘い出すことになり、料理の価値をいっそう発揮させるに不可欠なのであります。日本料理の場合、多岐にわたる料理の一品一品に配色を考えながら、色彩の取り合わせを重要視するのはそのためであります。

その色彩の演出は、食器に頼るばかりでなく、料理の材料にも慎重な工夫がこらされてきまして、豆腐・里芋の白、枝豆・三葉・銀杏の緑、梅干し・赤蕪《かぶ》・紅紫蘇の赤、菊・橙《だいだい》・カボチャの黄色、煮豆・昆布の黒、茄子や鶏冠《とさか》海苔《のり》の紫、茹で海老《えび》の紅白など、自然の色を巧みに操っているのであります。

実は魚の刺身に脇役として付きます「つま」又は「けん」も、配色の意味が強いのです。「つま」とは、料理全般にあしらいとして添える物のことで、古い料理書には「つま」という字に「妻」「具」「連身」「交」「配色」などの文字が当てられているところをみてもわかることでありまして、「とり合わせ」「あしらい物」の意味を持ちながら「彩」を含めているのです。「けん」の方は「景」とか「間」から来たもので、江戸中期の『料理献立抄』には「けんは見なり」とありまして、食べるというよりも彩りとして見るものだったようです。ですから「つま」や「けん」には彩りのある材料が用いられますわけで、大根の千切り、青紫蘇、菊の花や葉、独活《うど》の千切り、三葉、茗荷《みょうが》、分葱《わけぎ》、葉生姜《しょうが》、紅生姜、柚子などその例なのです。

でありますから、いくら粗料理とは申せ、美しい色彩が存在いたしますと、目で感じる美味さだけでなく、心まで和むことになります。鯛の頭の粗だきなどの、あの鯛の少し赤っぽい顔色と目の白、そして全体をつつむ飴色の照りなどはもうたまらぬ食欲を湧かせてくれます。

その粗料理の色と申せば、私が強く印象に残っておりますのがやはり赤でありますｏ前に述べました御前崎の尾長鯛に遜色のないほど、いやそれ以上に赤くて美しかったのは、千葉の銚子で啜《すす》りました金目鯛の粗汁でありました。やはり味噌仕立てでしたが、脂肪の乗った金目でしたので、粗汁の上にギラギラと浮かぶ金色の脂肪球と鯛の赤色とが光にチカチカと反射しまして、ことさら私の目を眩しがらせました。このような色鮮やかな魚での粗汁は見た目も嬉しいものですから、啜りますと余計に美味に感じまして、視覚というものの大切さを知った次第です。赤色の粗汁が楽しめる魚としましては、ほかに赤魚鯛《あこう》、桜鯛、金時鯛、めかち金時、車鯛、浜鯛、赤甘鯛、吉次《きちじ》、めぬけ、金頭《かながしら》などたくさんありますから、赤い色を配色にした粗汁を楽しみたいときは、それらの魚を用いて下さいまし。

赤色は粗汁には非常に似合いますが、赤に黄色の混じった混合色というのも楽しいものです。八丈島で浜鍋をやったとき、黄鯛の粗汁をみてその美しさに驚いたことがあります。赤の色が横縞に走り、それに平行して黄色の縞が走っていました。同じ八丈島で霞桜鯛というのを食べました時の桃色と黄色の粗汁も印象深いものでありました。この配色は金線鯛の粗汁でも同じでありまして、本当に黄色と桃色のコントラストというのは美しいものだと感心しました。混合色の粗汁といえばどうしても忘れられないのが、敦賀《つるが》市の色ヶ浜《いろがはま》という民宿で出されました求仙《きゅうせん》という魚の粗汁であります。薄味の味噌仕立てでありましたが、赤、青、緑、黄、茶、桃の混合色の色合いがとても楽しいものでありました。求仙を代表として、遍羅《べら》の仲間は特段に美味でありますから、是非とも天然色の粗汁を啜ってもらいたいものであります。

美しい色彩の粗汁とは反対に、見た目だけで食欲まで失いそうなのが、黒色であります。その代表が沖縄の烏賊《いか》の墨汁でありましょう。とにかく真っ黒い墨を搾り出して造った汁ですので、おそらく初めての人は啜るのに躊躇《ちゅうちょ》することだろうと思います。この墨汁を何杯も飲んで、翌日便所に行った時は、ぎょっと驚きました。真っ黒けっけでありました。

しかし、黒い粗が似合わないとばかりは言えません。鮟鱇《あんこう》の肝のとも和えの皮の黒紫は大切なものであります。肉身が真っ白、肝は山吹色。そこに黒紫色の皮は力量感があって眩しいほどの存在であります。潮《うしお》仕立ての粗汁の時、伊佐木《いさき》、鯥《むつ》、黒鯛、鯖《せいご》、鱸《すずき》などの黒色の魚で行いますと、肉身の白と皮の黒とが美しいもので、食欲を大いに動かしてくれます。このときに、なるべく黄色の強い生姜を千切りにして上に撒《ま》きますと、見た目が楽しいばかりでなく、薬味としての効果もよろしいものかと存じます。

鰹《かつお》の粗汁のとき、中骨に付着している血合いという部分がありますが、あの黒褐色も憧れものです。ちょうどブラックチョコレートのような色ですが、見た目にも濃醇なコクを目から感じてしまいます。粗料理といった野趣あふれるものの中にも、谷間に咲く一輪の百合の花のような綺麗な風景を時々思い出させてくれますから、そのときは嬉しく観賞しながら、じっくりと味わって下さい。

【灰屋紹益《はいやじょうえき》という男】

歴史上の人物で私が敬愛する一人が灰屋紹益であります。囲炉裏《いろり》や竈《かまど》から出る灰を買い集め、それを肥料屋、染物屋《そめもの》、焼物陶器屋、和紙製造者などの需要先に送り込んで巨額の富を築いた元禄《げんろく》豪商の一人なのですが、この紹益、まことに多才な人物でございました。

和歌を烏丸光広《からすまるみつひろ》に、俳諧を松永貞徳《ていとく》に、蹴鞠《けまり》を飛鳥井雅章《あすかいまさあき》に、茶の湯を千道安《せんのどうあん》に、書を本阿弥光悦《ほんあみこうえつ》にとそれぞれ当代きっての一流どころに学んだ知識人でありましたので、当時の京都では最も多芸多才な上層町人として憧れられた人物でもありました。明暦《めいれき》二（一六五六）年に法橋《ほっきょう》に叙せられておりますが、この法橋とは僧位の名のことで、法眼《ほうげん》に次ぎ律師五位に相当し儒者や仏師などの中から著しい活躍をした者に授けられましたから、町人がこの位に就くのはまことに珍しい例であります。また紹益は『にぎはひ草』という著書も出していますが、これなどは今日でも文化史の上で貴重な資料となっている名著であります。

さて、西鶴《さいかく》の『好色一代男』巻五の中に「後は様つけて呼ぶ」という一編があります。京六条三筋町《みすじまち》の遊女屋林家に抱えられていた当代きっての名妓、二代目吉野太夫《よしのたゆう》（一六〇六〜四三）が、生涯一度だけ太夫に逢いたい一心で金を貯めた小刀鍛冶の弟子の心情を哀れんで、ひそかに一度だけの情を適えてあげる話であります。

太夫は自分のとったこの行為を身も心もひかれている最愛の人、世之介《よのすけ》にありのまま隠さず話したところ、粋人で通る世之介は「それこそ女郎の本意である」といって太夫の行為を許し、その粋な話に感心して太夫を身請けし妻に迎えるという有名な人情艶話がこの物語です。

この世之介のモデルこそ、実は紹益その人で、実際に紹益の建てた太夫の墓も京都にございます。二人は愛し合っていたのですが、太夫は三六歳でこの世を去りました。今でいう結核にかかり肺を患ったらしいのですが、この別れは紹益にしても太夫にしても身を引き裂かれるほどの思いであったに違いありません。

その紹益が素晴らしいほどの奇人となったのはその時のことであります。当時は特に異例でありましたが、法橋の地位に許された火葬で太夫を荼毘《だび》で送り、その遺灰を美麗な壺に残らず納めました。そしてその遺骨を薬研《やげん》で碾《ひ》いて骨粉にして、それを毎日少しずつ酒杯の中に入れ、太夫を偲《しの》びながら酒とともに全部呑んでしまったということです。

つまり太夫を自分の体の中に全て入れてしまったわけです。その時に紹益が詠んだ歌も残っておりますが、これとて死別の苦しさを山に喩《たと》えた「死出の山」を織り込んで、

都をば花なき里になしにけり
吉野は日出の山にうつして

「太夫が居なくなって京の都は花のない寂しい町になってしまった。その太夫は今、吉野の日出の山に眠っている」という句意であります。いくら灰屋で大成功を遂げた紹益といえども、最愛の人の遺灰一体分を全部自分の体の中に入れてしまったのでありますから、まさにダイナミックな愛し方といえましょう。きっと太夫の霊魂《たましい》は紹益の体に棲みついて紹益を守ったに違いありません。彼は当時にしては珍しく八四歳の天寿を全うしましたことがそれを物語っているのです。それにしても吉野太夫のような愛され方をしたならば、人の最期として、これ以上の遂げ方はありますまい。

ところで灰といいますと、今日では全く顧みられなくなりまして、その存在すら忘れられてしまった物のひとつであります。しかし、最期は誰もがその灰になるのでありますから「自分の最期の姿はこれなのだ」としみじみと思いながら、生きている今のうちに、しっかりと灰をみつめ大切に敬わなければなりません。

【長意吉麻呂《ながのおきまろ》という鬼才】

私にとって、『万葉集』の魅力は何と言っても当時の生活文化が数多く歌われていることである。万葉時代の貴族や武士、庶民らの生活の様子が、手にとるようによく伝わってくるので、食文化という私の専門領域からも貴重な資料となっているのである。その上、酒や食に関わる歌を多く残している大伴家持《おおとものやかもち》や大伴旅人《たびと》、山上憶良《やまのうえのおくら》らが、万葉歌人の中心的人物であったことも、当時の生活様式をさらに広く知れる好材料となっている。そして単に生活の周辺を歌うというのではなく、その表現を豊かな人間性にもとづき、現実に即した感動を率直に歌にしているのがとてもリアルで新鮮である。こういう考え方あるいは見方をすると、『万葉集』は万《よろず》の言《こと》の葉《は》を集めて、後世の万《よろず》世の人々に当時のことを伝えようという意向、あるいはメッセージを託していたのではないか、とさえ私には思えてならないのである。このような立場から、以下に長意吉麻呂という一風変わった歌人の歌二首をとりあげ、その歌から読みとれる当時の生活状況などを私なりに考察してみたい。

香塗《かうぬ》れる　塔《たふ》にな寄《よ》りそ　川隈《かわくま》の　屎鮒《くそぶな》食《は》める　いたき女奴《めやつこ》

（これこれ、香を塗った高貴な塔に近寄ってはならん。汚物の溜《た》まる川の曲った所のくそ鮒を食うておるけがらわしい女奴め）

この歌は、『万葉集』の中で私が最も強く惹かれた一首である。詠み人の長意吉麻呂は即興歌の才にたけた宮廷歌人で、柿本人麻呂《かきのもとのひとまろ》と同時代に活躍した人物だ。『万葉集』には十六首の短歌を残しているが、面白いことにそのうちの六首が旅の歌、八首が宴席での歌である。それも、宴席で会衆の要望に応えての即成が多く、数種の物や事を一首に巧みに詠み込むことや、滑稽な歌などを即妙に、曲芸的に作るのを得意としていた。ここに取り上げた歌は、「香、塔、厠《かわや》、屎、鮒、奴を詠む歌」と題したもの（第十六巻）で、一首の歌の中に予告通り全ての物事が収められているという奇妙な戯歌《ざれうた》である。

やはりこの歌からも、当時のさまざまな生活背景が読み取れる。先ず気付くのは、この歌は聖界（詠み人）と俗界（女奴）との関係を巧みに詠み込んでいることで、ここからは互いの食べものをはっきりと分け隔てていることを教えているのだ。「屎鮒」とは、鮒を飯と共に漬け込んで発酵させた熟鮓《なれずし》のことで、今でも近江《おうみ》（滋賀県）の鮒鮓は現存しており、好事家あるいは食通の間では垂涎《すいぜん》の的となっている食べものである。猛烈な発酵臭がして、それが人の屎や腐敗した食べ物の臭いに似ているというので、今でも「腐れずし」と呼ぶ人もいる。この「屎鮒」の歌から解るのは、当時すでにこの発酵食品はかなり普及しており、貴重なたんぱく質とビタミン群の補給（発酵すると滋養成分が飛躍的に高まる）源として重宝されていたことである。その上、熟鮓は一度発酵しているのでそう容易《たやす》く腐ることのない保存食品で、冷蔵庫などの無かった時代に、貴重な動物食材（当時は魚類だけでなく、鴨や猪などの肉も熟鮓にした）の保存法でもあった。

この「臭さ」という、ある種の不快感を伴う生理感覚は、往々にして賤《いや》しい人たちの周辺に漂っているものだが、当時の高貴な人たちはそれを嫌い、香を薫《た》いたり、身体に塗ったりしていた。つまり賤しい臭みと清清《すがすが》しい匂いとを組み合わせることによって、聖と俗とを巧妙に詠み分けている節があるのも面白い。このような観点から、この歌を今いちど鑑賞してみると、そこには、清浄なものが二つ、不浄なものが四つ詠み込まれているのに気付く。

つまり、「香」と「塔」（仏塔のこと）の清浄物に対して不浄な「川隈」（汚物の溜まる川の曲ったところで、厠のこと）、「屎」、（それを食んだ）「鮒」そして「奴」である。これを一つの歌に織り込み、しかも『万葉集』に纂撰《さんせん》されるほどの立派な歌として残されているのだから、長意吉麻呂という人は只者ではなかったと私は思っている。

また、その頃のトイレ（便所）事情も垣間見ることができる。当時、多くの便所は川の上にあり、そこで人が大便をすると、それが川に流れ、川が曲がっている隅のところに溜まってしまう。それを川の鮒が食べ、そしてその不浄な鮒を食べている女奴（賤しき者たち）に、香木を塗った非常に清浄な仏舎利に近付くではない、と言うのである。しかしよく考えると、人が鮒を食べて屎をし、その屎を鮒が食って育ち、その鮒を人が食べて屎とし、その屎を鮒が食べて……といった食物連鎖は、今の環境浄化（エコ）の視点から見ると何も捨てることのない（無駄のない）究極のリサイクルが当時行われていたことを物語っているのである。

醤酢《ひしほす》に　蒜《ひる》搗《つ》き合《か》てて　鯛《たい》願《ねが》ふ　我《われ》にな見えそ　水葱《なぎ》の羹《あつもの》

（醤に酢を加え野蒜《のびる》を搗きまぜたたれをつくって、鯛を食いたいと願っているこの俺様の目の前から消えてくれ、まずい水草の扱い物なんかは）

この歌にも醤、酢、蒜、鯛、水葱、羹の六種もの食べものが一首に詠み込まれている長意吉麻呂の得意技である。この歌には、今の日本の食文化の原点のような物が幾つか登場してきて、とても興味が持たれるのである。すなわち「醤酢」というのは、食酢に醤油を入れたもので、これは現代のポン酢である。また「蒜」は野蒜のことで、これは香辛料であるだけでなく、非常に力がつく強壮剤、鯛は美味しい上に全身これたんぱく質といった高栄養剤、水葱は疲れを取ってくれるビタミンの補給剤で、羹はそのスープ。つまり山海の珍味が一首の中にこれだけ出てきて、それもかなり健康的な食べ方で食べていたことがわかる。勿論《もちろん》これは宮廷人たちの食事であって、醤も酢も鯛も、とても高級なものだから庶民にはとうてい手の届かない贅沢であった。

すなわちこの歌には、とても侘《わび》しくて貧しい料理（まずい水草の吸い物）と、贅沢ですばらしいご馳走とが二分されているところが面白く、当時は庶民と役人、宮廷人という階級別によって食生活には大いに差があったことを物語っているのである。

さて、『万葉集』という著名な歌集の大きな特徴のひとつは、詠み人が実に多才で、それも職業や階級などで分け隔てることなく登場してくることである。例えば聖徳太子や天武《てんむ》天皇、舒明《じょめい》天皇の歌があったり、額田王《ぬかたのおおきみ》や、市《いち》原王《はらのおおきみ》が登場したかと思うと、今度は遣唐使の母（遣唐使として中国に渡る息子の身を案じて詠んだ歌）や遠江国《とおとうみ》の防人《さきもり》、あるいは昔年の防人の妻、そして乞食者《こじき》（芸を見せて食べものを乞う人）まで登場して歌っている。さらに作者不詳の多いことで、全体の三分の一が詠み人知らずなのである。

このように詠み人の側に立って『万葉集』を鑑賞してみても、さまざまな立場で生活文化や周辺環境を体験し、観察した歌人の心が、作品の底辺に叙情歌のように流れていて、そこには飾ることのない独特の野性味や生活臭が滲《にじ》み出ているような気がするのである。

【唎《き》く】

「聞く」は耳を使っての感覚だが、昔は鼻で感じとられるにおいも聞くと表現された。

謡曲の『弱法師《よろぼし》』には「や、梅の香が聞こえて候」という、何ともいえぬ風情が表現され、『今昔《こんじやく》物語』にも「鼻にて聞けば」という一説がある。『無《む》量寿経《りょうじゆきよう》』（浄土教所依の教典）にも「見色聞香」とある。さらに、香を焚いて楽しむ芸道「香道」では、においをかぐことを聞香《もんこう》、つまり「香を聞く」としている。

聞くという言葉を、嗅ぐという鼻の感覚にも用いるとは、なかなか粋である。「酒を唎く」「唎酒《ききざけ》」という言葉をよく聞くことがあるだろう。酒の色、味、香りを目、口、鼻といった人間の官能器官で鑑定、そのよしあしを判定することだ。

「唎」という字は漢和辞典にものっておらず、「左利き」や「目が利く」などという「利く」に口偏をつけて「口でもってきく」という意味を持たせた当て字なのだろう。では酒を吟味するのになぜ「きき酒」とか「酒をきく」というのだろうか。

「利く」という字の意味を国語辞典で調べてみると、「機敏に働く」とか「ききめがある」ということだけである。ところが「聞く（聴く）」のところを見ると、あった！『広辞苑』に「物事をためし調べること。かぎ試みること。かぐこと。味わい試みること。あてて試みること」とある。これすべて唎酒の意味を持っているのだ。

そして、古典からの文例を引用して、狂言『伯母が酒』の一節「好い酒か悪しい酒か私が聞いて見ずばなりますまい程に、一つ聞かせて下されい」を挙げている。さらに浄瑠璃『浦島』の一節の「酒の香聞けば前後を忘るる」も引用してくれているのだ。

すなわち「酒を利く（唎く）」の「きく」は「聞く」から来た言葉で、本来「聞く」というと耳の感覚となってしまうので、当て字に「利く」を使い、口で味わうのでそこに口偏を付けて「唎く」としたのであろう。

【満殿香酒《マンデエンシャンチュウ》】

今からおよそ百年前に、この世から消えた奇妙な酒が中国にあるというので、それを捜し出して一体どんな酒であったのかを調べてみましょうと、彼《か》の国に　出かけたことがあります。上海から飛行機に乗って行く予定でしたが、出発時間になっても搭乗手続きがない。どうしたのかと聞くと、乗っていく飛行機がまだ一七〇〇キロも離れたハルビン空港を出ていない。それも今飛んでくるのか、明日になるのか解らないというのでありました。

少し前の中国を旅すると、よくこんなことがあったのですが、それにしてもおおらかというか、本心からいえば旅人軽視というか、まあそんなところですねえ。こりゃ飛行機はあきらめた方がよいわいな、ということになり列車に切り換えました。

飛行機で五時間もかかるところを汽車で出発したわけですから、あとはもう日時と一緒の流れ旅。ただひたすら窓の外を去っていく景色を見ては、火のような白酒《パイチユウ》をグビリ、ひと駅に一時間十五分も停まりやがって、と愚痴の幾つもこぼしながらコピリと飲《や》って、めざす貴州省《コイチヨウ》の省都、貴陽市《コイヤン》に着いたのは三日後の朝でした。

その幻の酒とは「満殿香酒」というもので、中国では昔から伝説的に語り継がれてきた奇妙な葯《やく》（薬）用酒《ようしゆ》であります。

今から百年前までは漢方医療に使っていた酒だということですが、どういう訳かこの世から姿も匂いも消してしまいました。とにかく、貴陽市の酒廠《しゆしよう》（廠とは工場のこと）を何軒となく訪ねて捜してみたのですが、いくらがんばってみても全く手がかりさえつかめない。博物館に行ったり、古老に聞いても、そんな酒の存在すら知らないのです。こりゃあかんな、百年前の話などまともに聞いてくれる奴などおらんな、とあきらめていましたらば、宿泊先の人民招待所に朗報が入りました。前日に訪ねた貴陽市の酒廠の工場長から、隣町の花渓市の古い酒廠にその酒が三本だけ残っているという情報だったのです。

私は片目をつぶってウインクし、指をパチンと鳴らし得意のポーズをとりました。これが私の喜びの表現という訳。

翌朝、早速その酒廠を訪ねました。総廠長、つまり工場長がその酒三本を前にして私を待っていました。貴陽酒廠の工場長からすでに連絡が来ていたらしいのですね。

さて、その酒は白磁の壺のような容器に入っていて、栓はしっかりと泥石灰のようなもので固められていて威厳がある。三本のうちの一本を、中日友好学術交流のためにと言って、分けてもらうことに成功し、早速それを宿泊所に持って帰り、とりあえずその酒についていた効能書に目を通してみました。

そこに書いてあった事がすごいのですぞ貴方。先ず酒に浸された漢方薬や香木などの薬材がびっしりと書いてある。丁字《ちょうじ》、藿香《かっこう》、香附子《こぶし》、白檀《びゃくだん》、沈香《じんこう》、楓香《ふうこう》、薫陸香《くんろくこう》、桟香《せんこう》、鬱金《うこん》、安息香《あんそくこう》、甲香《こうこう》、詹糖香《せんとうこう》、肉桂《にっけい》、桂皮《けいひ》、茴香《ういきょう》、零陵香《れいりょうこう》、青木香《せいもくこう》、甘松香《かんしょうこう》、白芷《びゃくし》、当帰《とうき》、竜脳《りゅうのう》、桂心《けいしん》、檳榔子《びんろうじ》、伽羅《きゃら》などの植物香が七四種、麝香《じゃこう》、霊猫香《れいびょうこう》、竜涎香《りゅうぜんこう》、海狸香《かいりこう》などの動物香が八種の合計八二種列記されていて、それらが高粱酒《カオリヤンチユウ》の中に漬け込まれていたというのです。さらに、説明によると、それらの香料（薬材）は少量ずつ混ぜ合わせてから突いて粉末にし、これを布袋に入れてから何年も高粱酒に浸したというのですね。高粱酒はアルコール度数が五〇度もある蒸留酒。こんなにアルコール度数が高いと、漬け込んだ薬材から薬効成分がどんどん抽出されるのです。

この酒には効能書のほかに小さな白磁製の盃《さかずき》も付属していました。なぜこんな盃まで付いているのか不思議に思いましたが、とにかくその効能書を読み進めていくうちに、私の頭はまたもやびっくり仰天してしまい、目を回し、腰を抜かしてしまうような気持ちになりました。

中国には昔から、事をたとえて言う場合に非常に大袈裟に表現することがあります。例えば、「白髪三千丈」だとか「船頭多くして船山に登る」だとかです。ところが、この満殿香酒の効能書を読んでみましたら、そこにもやはり次のようなもの凄《すご》いことが書かれていたのです。

「この酒を、付属の小盃で朝夕一杯ずつ（一日二回）飲用すると、五日後には飲酒者の体から香《こう》の匂いが発して身の周りに漂ってくる。一〇日続けて飲んで外に出ると、その佳香に誘われて風下から人が集まってくる。一五日続けると、飲んだ人の家が芳香に染められ、二〇日間飲酒して川で行水すると、川の水に芳香が移って香水となって流れ、二五日間続けて赤児《あかご》を抱くと、その児にまで佳香が移って清められ、そして、ついに三〇日間続けて飲んだ人は気がつくのである。自分の体からすべての病気が去ってしまっていることを」

つまり、万病の特効薬なのであります。そしてさらに読んでみると、この酒は中国の古い漢方医学の中に出てくる「体身香」という療法に使われた酒らしいのです。匂い（香）で穢《けが》れを去り病気を払う今日の芳香療法（アロマテラピー）のような方法で使われた酒なのですね。体に香を入れて病気を追い払う体身香というこの方法、待てよ、何かに似ているぞ、とその時に思ってよくよく考えてみたら思いついたのです。箪笥《たんす》に樟脳《しょうのう》を入れると害虫が逃げていくあれだ、と思ったのです。とにかく壺の蓋をとって小さなグラスに少し注いでみるとすばらしい匂いがあたりに漂いはじめました。一〇〇年前の酒だというのに、その新鮮な芳香には信じられない思いでした。そしてその夜、就寝前にこの酒を盃で一杯飲んでみました。口の中にはお香を焚いた時のような心を落ちつかせるような匂いが広がり、そのままいい気持ちになって寝てしまいました。そして翌朝、トイレに行って小便すると、尿からはお香の匂いが芬芬《ふんぷん》と立ってきました。

とにかく中国には薬用酒が非常に多く、三〇〇〇種類を超すとまで言われているのです。それは、漢方医学発祥の地、中国では昔から医・薬・酒の三者の関係が大変密接であったからで、漢字の「醫」という字は「匚《はこ》（匸）中のメス（矢）を手に取ること（殳）」の意と「酉（酒）」の意の組み合わせからなっていることをみても、医術と酒の関係は深いのです。体の内部に病気が発生した。それっ！　腹を裂いて患部を切り取ってしまえっ！　なんて今のような治療はしなかった。酒に葯材成分を抽出し、それをあたかも手術用のメスにたとえて、そのメスを酒に運ばせて患部を治療していたんですよ。

とにかくそんなわけで、三〇〇〇種を超す中国の薬用酒の中で満殿香酒以外にも私がびっくり仰天した酒を幾つか紹介しておきましょう。

先ず子供の夜尿症に効くという「紫酒《ツイチユウ》」という奇妙な酒は、鶏糞の白い部分だけを取り出し、これを乾燥させてから少し焦がして酒に加え、太陽の光に当てると紫色の酒になるのだそうです。よくもまあ、こんなことまで研究した人もいたものですねえ。本当に感心させられました。

糞を使うといえば「蚕沙酒《ツアンサアチユウ》」というのも知られていて、これは蚕の糞を酒に浸して一日一回必ず振って二年熟成させた酒なのですが、それが何に効くと思いますか？　何と強壮酒なんです。本当に効くのかどうか確かめていませんが、びっくりしました。

強精酒で有名なのは「至宝三鞭酒《ツーパオサンビエンチユウ》」。海狗すなわちオットセイと広狗（山オオカミ）、梅鹿（鹿の一種）の三種の動物の睾丸を高粱酒に漬け込んだ酒です。

昔の貴族の間で大いに支持されていたのは、碇草《いかりそう》や枸杞《くこ》、木天蓼《またたび》など精がつくといわれる草木根三十余種を厳選・調合して、これを酒に浸して長期間熟成させた「強根酒《ジヤンゲンチユウ》」です。この酒は伝説的といっていいほど効く強精酒のようで、若い独身男性で活力のほとばしる奴などは、この酒を見ただけで鼻血が出たと言います。とにかく夜の営みに人気のあった酒で「朝の一杯は夜の三回」といったキーワードがあったくらいなんですから。

強壮酒として最も有名なのは何といっても「虎骨酒《フークウチユウ》」というやつ。古書によりますと、その正統は骨付きの虎の脛《すね》肉を黄色になるまで焙《あぶ》ってからこれを砕き、麹とともに一〇〇種を超す生薬などと仕込むものだとあります。近年では虎骨を白酒に浸し、これに多種の生薬を加えて簡単につくれるようになったということです。

だけど、どうも怪しい。虎なんてどんどん数が少なくなって絶滅寸前だというのに相変わらず中国の大きな街に行くと今でも虎骨酒が売られているのです。そこで調べてみましたところ、やはり本物の虎の骨の入っている酒は非常に古いもので、値段もとび抜けて高く、街で売られている安いやつは、虎の骨のかわりに、なんと猫の骨を使っているのだということでした。

【金鍔《きんつば》】

我が輩は小学生のころ、とても悪戯《いたずら》坊主で、しばしば大人たちは手を焼いていた。軒下に吊《つ》るしてあった、そろそろ食べごろの干し柿が一夜にして消え、姉たちが捜しまわるのを横目に、俺はそれを誰も気づくことのできない秘密の隠し場所にしまっておき、一人ほくそ笑んで毎日食べ続け、一カ月間は甘いものに不自由しない日を送った。

またある冬の寒い日、酒蔵の裏の隠居屋敷に住んでいた祖母が、「ター坊や、この金で金鍔を買ってきてくだんしょ」と言ってお金を渡してくれたので、「あいよ、合点だ！」なんて言って走り出して、その足で金鍔（今川焼きをこう言っていた）屋に行って二個だけ買い求め、次に焼き鳥屋に走り、今でいう「ハツ」や「カシラ」「ヒモ」といった硬い臓物の串焼きを残りの金全部で買って、祖母のところに戻った。

そして祖母に「金鍔二個買ったら、お釣りが来たので、それでおばあちゃんにもっと元気になってもらおうと、焼き鳥も買ってきてあげたから、一緒に食べっぺ」と言った。祖母は仕方なく俺に金鍔を一個渡し、自分は一個となり、その金鍔を大事にゆっくりと食べた。俺が十本もの焼き鳥を独り占めできたのは、祖母は歯が弱く、そんな硬いものが食べられないことを知っていた我が輩の頭脳的勝利といえる。

ところが翌日、祖母はまた俺を呼んで「ター坊や、この金で焼き鳥一本買って、あとのお釣り全部で金鍔買ってきてくだんしょ」と言ってきた。逆手を突かれた俺は、仕方なくゆっくりと歩き出し、まず焼き鳥屋に行って侘しく一本買い、その足で金鍔屋に行って十個もの金鍔を買って祖母に渡した。

祖母は日頃から、俺にふり回されて苦労している姉たちやお手伝いさんたちを呼んで、その温かい、ほかほかの金鍔をふるまい、俺にはたった一本の焼き鳥しかくれなかった。それからというもの我が輩は、金鍔を見ると、とたんに焼き鳥が食いたくなるという、誠にもって不思議な条件反射が身に付いてしまった。

しかし、二人の姉に一番こっぴどく叱られたのは台所での悪戯であった。砂糖壺と塩壺の中身を入れ替え、酢と日本酒の瓶の中身を入れ替えておいたのを知らずに、姉たちは不幸にも五目寿司をつくったのである。出来上がってさあ食べましょう、という段になって、いつも腹減った、腹減ったと喚《わめ》いている食いしん坊は、忽然《こつぜん》と姿を消した。そしてその日の夜、空腹でぶっ倒れそうになって戻ってきたのは俺の哀れな姿だった。

【地ウイスキー】

片岡千恵蔵《かたおかちえぞう》が七変化の探偵を演じ、市川右太衛門《いちかわうたえもん》が額にまぶしいばかりの三日月傷を作って悪者どもを切りまくり、中村錦之助《きんのすけ》が月形龍之介《つきがたりゅうのすけ》を退治していたころ、日本のいたるところの安酒場や屋台では格安のウイスキーが幅を利かせていた。

ウイスキーといっても今のようにモルト（原酒）一〇〇％とか、何も足さない何も引かない、といった芳醇無比の高級酒ではなく、少しのモルトにエチルアルコールをたっぷりと添加して増量し、カラメルで色をつけた、いわばイミテーション的色彩の強いウイスキーであった。全国のあちこちの日本酒醸造会社で造られていたので、まあ今流に言えば、地ウイスキーとでも呼んでもよろしいであろう。なかには一升瓶に詰められたものが酒場の隅の方に陣取って、じっとにらみをきかせている姿は、どっかの山親爺《おやじ》が縕袍《どてら》を着込んだ風体で座っているのにも見えた。

そんなあの時代の、懐かしいウイスキーはもうこの世から消えてしまったと思っていたらば、何と何と、福島県郡山《こおりやま》市の造り酒屋で「チェリーウイスキー」なる商標で細々と造られていた。それも昔と同じように一升瓶に詰められて、迫力感丸出しで売られていたのだ。

これはいいものを見つけたぞ、と一本買って手に持つと、ズシリとした重みが伝わってきて、何だかとても得をしたような気がした。なにせ一升瓶に入っているし、本物のウイスキーよりは格段に安いし、気軽にガブガブいけるし。原材料のところを見ると、「麦芽、ブレンド用アルコール」と表示してあるのはシンプルそのもので、なんだか楽しくさえなってしまう。

こういうウイスキーには何と言っても焼き鳥なんかが一番合うだろうと、

街に行って塩振りのハツ（心臓）、タレ味のヒモ（腸）とレバー（肝）などの串焼きを十本買ってきた。テーブルの上には、紙袋に包まれた焼き鳥があり、その脇に一升瓶に入ったマグナム弾のようなウイスキーがある。いやはやまぶしかったですなあ。ノスタルジー（郷愁）を感じましたねえ。

そしていよいよ至福の時来たる。一升瓶からウイスキーを湯呑み茶碗にトクトクトクと注ぎ、まず最初のひと口をコピリンコと喉の奥に流し込んでやったらば、意外や意外、そのウイスキーはなかなかマイルドでとてもうまい。

ふた口めをコピリンコしてから、やおらレバーの串を持ってむんずとかぶりつく。それを噛みしめていくと、レバーのトロリ、マットリとした中から、コクと奥深いうまみがトロトロと流れ出してくる。そしてしばらくして、優しく襲ってくる昔ウイスキーからの陶酔感。安上がりの飛びっきりの贅沢。昔の思いに涙致しましたなあ。

【朝茶のすすめ】

「朝茶はその日の難のがれ」という諺《ことわざ》がある。同じ意味の諺に「朝茶は七里帰っても飲め」というのもある。

昔の人は朝の茶を大層重要に考えて愛好していた。この二つの諺の意は、茶はもともと薬であったもので、ことさらに朝の一杯は心を落ちつけ、心身を醒《さ》まし、気をめぐらし、胃の働きを活発にするなどの効用がある。その日一日の難を逃れることに通じるのであるから、遠くへ行く用事があったとしても帰って来て翌朝は必ず茶を飲め、と言っているのである。

でも、一番初めに自分がガブガブと飲めばよいというものではなく、この諺の背景には、朝一番の茶はまず仏様に供えなさいという教えも潜んでいるのである。遠出してても、翌朝の一番茶は必ず戻ってきて御先祖様に供えて供養しなさいということも教えているのだ。そうすることにより、一日中御利益を付けて守ってくれるのだから難逃れができるのだというわけである。

まあ、とにかく朝の茶の一服は心身ともに清々しくなることは今も昔も変わりないので、こんな不定愁訴《ふていしゅうそ》で悩む人ばかり多くなった今の世の中だからこそ、朝の茶をじっくりと味わうべきである。

芭蕉《ばしょう》の句に「朝茶飲む　僧静か也　菊の花」というのがある。朝の勤行《ごんぎょう》が済んで、禅僧が庭の菊の前で静かに茶を飲んでいる、という句の十七文字の中からは、朝茶の香味が芬々と漂ってきて、僧の澄みきった心が伝わるようである。

最近の日本人は、朝茶の代わりにコーヒーで一服する人も増えてきたが、まさかその日の難逃れにそのコーヒーを仏様に供する人はありますまい。

【ビール】

ビールは人間の五感、つまり耳と目と鼻と口と手に訴えかけてくる酒である。まず王冠を開けるときのシュポッという音に始まり、トクトクトクとグラスに注ぎ、泡の弾ける微《かす》かな音に耳を澄ます。かたわらで勢いよくビールを飲み干す人の喉を過ぎていくときのゴクゴクゴクという音。これはもうたまらない。

さらに、黄金色に輝く液体と、その中を立ち昇る白くなめらかな泡を見たまえ。琥珀《こはく》色8対真綿《まわた》色2という黄金比のごときこの絶妙の比率を愛でるのは実に楽しい。

次にグラスを鼻先に近づけ、香ばしいあの麦とホップと酵母の香りを楽しもう。その香りは、ビールが天からの恵みであることの証でもある。

また、なみなみとビールが注がれたジョッキの手にずっしりとくる重みや、夏の海辺で頬に当てた缶ビールの心地よい冷たさなど、ビールが手の触覚から伝えてくれる喜びも忘れてはならない。

さて、ビールはその風味を舌で味わうのはもちろんだが、喉越しを味わう唯一の酒でもある。渇いた喉に一気にビールを放り込む。その冷たさが喉を沁《し》み透っていく爽快感は他の酒では決して味わえないビールならではのダイナミズムなのである。

「とりあえずビール」という言葉がある。

この言葉は、ビールがどんなときも理屈抜きで、老若男女すべての人が、一人でも、仲間とも気軽に楽しめる酒であり、何はともあれビールで乾杯しなければ始まらない、というビールの本質をよく表している。理論的にもビールは、炭酸ガスの作用により、他の酒に較べアルコールが浸透しやすく、多少遅れて来た人でもすぐにその場に溶け込めるという利点がある。ものの5分も経てば、飲む人を心地よい緩やかな酔いで、陶然とした心持ちにしてくれるのがビールの効用なのである。

「味覚人飛行物体」、またの名を「走るビア樽」こと私〝グビグビッチ・ビアスキー〟が考案した「ビールのうまさ」を算出する公式をご披露しよう。

ビールのうまさ＝天井の高さ×ビールの冷え具合×喉を通っていく速度×天気×湿度×気温×つまみの質と量×……さらにつけ加えればともに飲む男女の比率もまた重要なファクターであろう。当然諸君が、ビールをグイッと飲み干すときに自然と見上げることになる天井が、高く晴れ渡った青空や輝く星空であったなら、その数値は無限に高くなる。

さあ諸君！　何はともあれ今宵もまた、牛が水を呑む如く、鯨が潮を呑む如く、海が大河を呑む如く、天が雲を呑む如く、ビールを豪快に呑み干そうではないか！

【缶詰に愛を込めて】

缶詰は、その機能性といい、利便性といい、人に与える喜びといい、人類における近代の発明品の中では特筆すべき偉大なものであります。また、食の文化から見ても、缶詰の発明は革命的で、それまでの食の流通を一変させただけでなく、食生活の多様化や食べ物の保存、食材の加工、栄養成分の凝縮等においても、画期的なものとなりました。

魚や肉、貝類、野菜、果物、豆、鯨《くじら》、蟹《かに》、佃煮、漬け物、ソース類、骨（鯨骨、鰻骨、鮭骨など）、野獣・海獣肉（熊、鹿、海馬《とど》など）、虫（蜂の子、蝗《いなご》、ざざ虫など）、干し納豆、高級珍味（蟹味噌、海老味噌、キャビア、トリュフ、鮑《あわび》、雲丹《うに》など）、ハム、ソーセージ、チーズ、カレー、惣菜（きんぴら、ひじきの煮付け、鰻《うなぎ》の蒲焼《かばや》き、おでん、ホルモン煮、豚角煮、煮豆、がめ煮〈筑前煮〉、すき焼きなど）、甘み（ドロップス、蜜豆、水羊羹《ようかん》、水飴、小豆餡《あずきあん》など）はほんの一例で、さまざまな食材や調理されたものが缶の中に詰められています。

さらに液体も缶詰にされてきて、酒類（日本酒、焼酎、ビール、ハイボール、ウイスキー水割りなど）、甘酒、麺つゆ、スープ、コーヒー、ココア、緑茶、紅茶、ジュース類、スポーツドリンクなど、こっち向いても、そっち向いても、あっち向いても、どっち向いても、手の届くところに缶詰あり、という時代になりました。

ところで、現代に生きる日本人の中で、いわゆる五〇歳代以上の中年、あるいは初老、中老、前期高齢者、後期高齢者にとって、それまで歩んできた人生を通して、缶詰にまつわる思い出を持たない人は多分皆無ではないかと存じます。

子どものころの遠足で、「ちょうした」印の秋刀魚《さんま》の蒲焼き缶、あるいは鰯《いわし》の醤油煮缶をおかずにして飯盒飯《はんごうめし》やお産巣日《むすび》を食って、「ああ、うめがったなぁ」なんていう思い出をお持ちの方も多いかと存じます。また、学生時代に四畳半の独り部屋で、冷や飯に「サンタ」印のポークカレーをドロドロとかけ、そのあまりのうまさにウグウグしながら、目を白黒させて、味わうどころか、呑み込んでいた人もいるでしょう。さらには、酒屋の薄暗い片隅で、もっきり（コップ酒）を立ち呑みでチビリチビリと飲りながら、ニッスイ、あるいはニチロの烏賊の丸煮缶や鯖《さば》の水煮缶を、爪楊枝でほぐしながら食べていた思い出をお持ちの輩もおられるでしょう。はたまた、大切にしまっておいたマルハの鯨の須の子缶を弟に食べられてしまい、激怒した人もいたかもしれません。見舞いにもらった白桃の缶詰を、病院を退院して家に戻ってから冷やして食べた時の感涙。その涙が、缶詰のシロップにポトリと落ちて甘じょっぱかった——そんな嬉しき思い出のある人もいないとは限りません。

とにかくこのように、現代に生きる私たちは、日頃はあまり気にも留めていないのですが、缶詰は常に人生の身近にあって、ともに歩んできたのです。実は、我が輩の人生も缶詰に寄り添って生きてきたと言ってよろしいほど、この食べ物には思いが山積しているのであります。缶詰の上部に支軸をズブリと突き刺し、そこを固定しながら、蓋切刃を回転させて開けた時代の缶詰から、蓋についている円形の小さなつまみを引くと、瞬時に蓋がパカッと開けられる今日の缶詰まで、およそ六五年間、常に缶詰を愛し続けてきた我が輩ですので、缶詰にはとても思い出があります。

記憶にはほとんど残っていませんが、おそらく最初の缶詰は、横に平べったい楕円形《だえんけい》の鰯の醤油煮であったでしょうが、その鰯を缶詰から出して、温かいご飯の上にのせて食べた時から、缶詰の虜《とりこ》になったものと思われます。

それ以降はずっと鰯の醤油煮が大好きで、中学生ぐらいまではこれがないと、とてもさびしい思いをしました。

また、高校生、大学生のころからは、鯨の缶詰に惹かれて、これを食べるだけでなく、蒐集《しゅうしゅう》する癖が加わりました。一時は須の子の缶詰だけで五〇缶は貯め込み、赤身を入れますと、おそらく二〇〇缶にはなったことを覚えています。そして、それを見ながら、ニヤニヤとほくそ笑んでいたのです。しかし、あまりにも貯まりすぎましたので、ある時、隣村の八幡神社の祭りの時に、カンテラ灯《つ》けて並ぶ屋台の端にござを敷き、集めておいた鯨の缶詰の半分の量を売ったことがあります。一般の食料品屋の鯨缶より安かったこともあって、一〇〇缶はあっという間に売れてしまい、その売ったお金を貯めておき、再び鯨の須の子の缶詰をあちこちから買い集めて、心を癒していたこともありました。これでは一体、何のために鯨の缶詰を集めているのか、自分にもまったくわからず、それでも満足していたのでありますから、所詮缶詰が大好き、という心だけが残るように思われます。

そんな境遇を背負ってきた我が輩ですから、昔からずっと愛してきた鰯の醤油煮の缶詰や、秋刀魚の蒲焼き缶、鯨缶、鯖や樺太鱒《からふとます》の水煮缶などを見るたびに、それらの缶詰がすべてセピア色に見えてくるのであります。そのため、今日でも、昔から愛してきた缶詰、例えば、鰹や鮪《まぐろ》のフレーク缶詰を開ける瞬間には、心臓が高鳴り、鼻の孔《あな》からプッ、プッと熱い息を吐き出し、蓋が開く前から、口は涎《よだれ》の洪水になってしまうのであります。おそらく猫でさえ、こんなに魚の缶詰を愛する奴などいないのではあるまいか。

ところで缶詰は、そのまま開缶して食べる場合と、さまざまな料理の材料にして、さらに美味しくして食べるという二つの愛し方があります。例えば、帆立貝や蛤《はまぐり》、北寄貝《ほっき》のスープは白くやや濁っていますが、これをクセのない甲類焼酎で割っていただきますと、なかなか粋でござんして、その妙味に深く感動するのであります。

また、少々荒っぽい食べ方ですが、土鍋にお湯を張り、そこに鯖の水煮缶を二缶、汁ごとぶっ込み、あらかじめ茹でておいたうどん、あるいは市販されている茹でうどん玉を入れて、グツグツと煮ます。そして、その土鍋からうどんや鯖を、各々が自分の器にひっぱり出してきて、七味唐辛子を威勢よく振り込んだポン酢ダレで食べるのも、痛快であります。これは「引っぱりうどん」と称して、山形県の農村あたりではよく食べるそうですが、うどんに鯖の水煮のうまみとコクとが絡まりついて、「ああ、うまいわ、うまいわ、参ったわ」ということになるのであります。

ところで、先の東日本大震災の時、我が輩は鹿児島大学での講義を終えて乗った飛行機が羽田空港に着いた直後に大地震が起き、すべての交通がストップしたので、帰宅難民の一人となりました。その日は空港内に段ボールを敷き、毛布をかぶって一夜を明かしたのですが、その時に約二万人の人が羽田で足止めされたのです。そして、なんとなんと、帰宅難民全員に、「非常食セット」という段ボール製の箱が配られました。それを開けてみたところ、中には、乾パンと、ミネラルウォーターが二本、そして見覚えのあるおなじみのもの、すなわち、横長の鰯の缶詰が二缶入っていたのです。それを見た時、我が輩はうれしかっただけでなく、血がぐっと全身に回り、体が熱くなったのでありました。そして、思わず、その鰯の缶詰を手にとって、チュッ、チュッ、チュッと我が唇をつけ、接吻をしてやった次第です。

早速、その缶詰のひとつを開けて、箸でつまみあげ、口に入れて、ムシャムシャと食べました。すると、鰯の身は、歯と歯に噛まれて、口の中で潰れていくと、そこからとても濃厚なうまみと脂肪からのペナペナとしたコクとが湧き出てきて、「ああ、うまいなぁ」と感嘆したのでありました。と同時に、こんな小っちゃな鰯の缶詰でも、大いに我が輩を力づけてくれたのだから偉い、と思い、改めて缶詰に感謝した次第です。おそらく、あの大震災の時、岩手県や宮城県、福島県、茨城県などで被災した人たちの緊急非常食としても、缶詰の果たした役割は計りしれないものがあったと思うと、感慨無量です。そんなわけで我が輩は、これからもずっと、多種多様なる顔と中身を持った缶詰たちを愛し、愛《め》でていく次第であります。

【第四章】

活力自在

【江戸の妙薬】

江戸の天明《てんめい》年間ごろに「帆柱丸《ほばしらがん》」という、伝説的な勃起薬がありました。名前もいいですなあ。帆をかけられるほどしっかりした柱になるという秘薬で、その謳《うた》い文句は「服用すれば佇立《ちょりつ》」で、この薬、七日間服用すればいかほど弱き男根なりとも、精力を増し、御老人なりとも、心のままに強くする事、はなはだ妙なり」とその宣伝書に在ります。秘伝の薬なので、その薬材に何を用いたのかは勿論《もちろん》明記されていませんが、肉桂《にっけい》、蛤《はまぐり》、附子《ぶし》、丁字《ちょうじ》、良薑《りょうきょう》などを蜜にからめて丸めたもののようであります。

とにかく江戸時代は、この種の勃起薬や媚薬剤がとても多く、またそれが目的に応じて調合されておりまして、とても奥が深いのであります。例えば、今述べた勃起薬のほかに、性感増大をはかるための薬、男根が太くなったり、長くなったりする薬などがあります。そのひとつ「蠟丸《ろうがん》」は、性感増大のための秘薬です。実はこの薬、飲むのではなく男も女も肝腎なところに塗るのです。何だか今の、妖《あや》しげな雑誌の宣伝によく出てくるクリームに似てますねえ。男性は中指の腹にこの蠟丸をつけて、それを女性の膣壁に塗りまわし、しばらく間を置いてから事に及ぶと、女性は局部に温痒感を覚えて交合欲がたちまち増幅し、性的興奮のありさまを口にする、というほどですから大したもんです。

一方、男根が太くなる「西馬丹《せいばたん》」という薬には、「玉ぐき大になす薬」というキャッチフレーズまでありました。「西馬丹、筋骨を養ひ、玉茎を長大にす」というふれ込みで、その調合は「沈香《じんこう》五匁、乳香五匁、木香五匁、治薬五匁、兎絲子《とし し》五匁、茴香《ういきょう》一匁、破故紙《はこし》一両酒に浸し、桃仁《とうにん》四個。右八種を細末にし蜜にてこね、くるみ程に丸め、空腹の時に一粒づつ温酒にて用ふ。

一ヵ月に及べば、玉茎太く長くなりて一段強くなるなり」とありますから、こりゃ大変です。おそらく当時の江戸の好事家たちは、我れ先にとその効果を確かめたことでありましょう。

飲まなくても、塗らなくても、効く効くというユニークな秘薬、というより方法を考えだした江戸人もおりました。例えば、嗅覚に訴えて、嗅がせれば乱れる「惚線香《ほれせんこう》」というものであります。「蘭凌香《られんこう》」、「唐線香《とうせんこう》」、「女乱香《にょらんこう》」、「紅毛馨香《こうもうけいこう》」などという商品名が付けられていて、とても妖しげで官能的匂いを発するものですから、事に及んでいた男女は、その匂いの刺激を鼻から受け、肌で感じて、もうたまらなく濡れ続けるのであります。

「硬直・萎縮自在など何でもござれの長命丸《ちょうめいがん》」なんていうストレートな宣伝文もございますが、江戸人が強精として用いた動物には、「山椒魚《さんしょううお》」や「毒蝮《まむし》」、「八ツ目鰻」、「蠑螈《いもり》」などがありました。いずれも焼いて食ったり、黒焼きにしてその粉を飲んだりしたのです。

また、あきれてしまうのが、蚕が繭をつくるために口から吐きだす糸を丹念に集めて、それを丸薬状にした強精剤であります。「性欲昂進、男根勃起、鼻血噴出」などという謳い文句で江戸末期に売っておりました。とにかく、いつの世でも男は強くありたいという願望を捨てきれず、蚕の糸まで飲んだわけですから恐れ入ります。

酒を使った江戸の媚薬や強精剤も少なくありませんでした。例えば「八珍酒」というものは、「当帰《とうき》、南芎《なんきゅう》、百芍《ひゃくしゃく》、生地黄《しょうじおう》、人参、白朮《びゃくじゅつ》、白茯苓《はくぶくりょう》、粉《ふん》草《そう》、五加皮《ごかひ》、小肥紅棗《こなつめ》、核桃皮《かくとうひ》を糯米《もちごめ》の酒に煮て、それを壺に入れて土の中に埋めること五日。この酒を小杯に二杯、毎朝服用すると、一夜に十交を行っても疲れることはない。ただし、女の激しい嬌声が外に漏れるので注意」などと恐るべきことを語っている秘薬もありました。

ところで、江戸の精力剤としてあまり表に出て来なかったものに「生卵《なまたまご》」があります。薬というよりは、日常の食卓でもそれほど珍しいものではなかったので、とりわけ精力剤としては注目されなかったのかも知れません。しかしこの生卵は、強精の秘薬妙薬を手に入れにくい一般大衆には、効く効くといって、とても信じられていた強壮剤であったのです。

なぜ鶏卵の生が効くのかですが、江戸の文献には「生卵の匂ひ精汁に似て、またその粘稠は同じく精汁に相似、さらにその卵黄は強精強壮の王たる地黄の効に通じる」と解説するものもあって、なかなか鋭いところをついているのです。

一方、視覚に訴えて欲情をそそるのも江戸の一部の好事家の得意とするところでありました。例えば、これから事に及ぼうとする男が、玄関先に盛りの来た犬の雄と雌を連れてきて交尾させ、それをこれから抱く女に見せて興奮させてから事に及ぶといった例であります。犬ではあまりにも人間とかけ離れているというので、さらにこの視覚欲情を発展させたのが「機《から》（絡）繰《くり》襖《ふすま》」でありました。江戸には媾曳《あいびき》料理屋と称して、不貞の男女がこっそりと逢って、そこでお互いが思いを遂げるといったことを繰り返しておりましたが、その凄《すさ》まじい男と女の愛しあう姿を、実はこちらの部屋から分限持《ぶげん》ち（金持ち）の旦那とその女が覗き見して、女を興奮させてから事に及ぶといった、とても悪趣味の手もあったということです。

これまでは、主に男の強精強壮のための教養学を述べましたが、ここで目先を変えて女性のための催淫剤《さいいん》、あるいは媚薬の話をいたしておきましょう。とても珍しい話がいっぱい出て参りますので、どうぞ楽しんでくださいますように。

江戸・両国は米沢町《よねざわちょう》に、四《よ》つ目屋忠兵衛という人が奇妙な薬屋「四つ目屋」を営んでいたことは国学者・石川雅望《まさもち》の著『都のてぶり』という本に記されています。その店の隅の方には「抜か六を試みんとて競いたる麻羅《まら》は三つ目にあはれ討死」という戯歌《ざれうた》を彫った小さな看板が掛けてありました。つまり主人は六《む》つ目までは畏《おそ》れ多いがせめて四つ目までは抜かずになんとか持続させようという願望を込めて四つ目屋忠兵衛と名乗ったというのですが、本当は近江源氏《おうみげんじ》(宇多《うだ》天皇から四代目の鎮守府将軍源成頼《みなもとのなりより》の子孫。近江国蒲生《がもう》郡佐々木荘を本拠としていた)の佐々木家の家紋「四つ目結《ゆい》」に由来しているとのことです。その薬屋では「不老丸」あるいは「超寿丸《ちょうじゅがん》」といった不老長寿の薬を扱っておりましたが、裏では、男女交合の妙薬や催淫薬、媚薬などを主に扱っていたのでありました。

中でも有名だったのが「俄然長命丸《がぜんちょうめいがん》」「帆柱丸」「猛丸《たけりがん》」「根性丸」「人参根精散」「淫養丸」「反鼻淫羊散《はんぴいんようさん》」「女悦丸《にょえつがん》」などでした。そして、面白いことに、それらの薬ひとつひとつに今で言うキャッチコピーのような謳い文句がついていたのです。これがまた傑作なんですねえ。例えば、「俄然長命丸」には「長命丸で死ぬと言い」、「帆柱丸」には「沈まずいくいく帆掛船」、あるいは「猛丸」には「武尊《たける》も哮《たけ》る猛丸」などであります。

また女性用の「女悦丸」には「そのうち泣き出すいい薬」なんてさりげな

く付いています。しかしよくできていますなあ。今時の若い広告マンの作るキャッチコピーなんて、てんで問題にならぬくらい、味わいのある謳い文句ですから、感心せずにはおられません。

この四つ目屋忠兵衛という人物の正体はわかりませんが、洒脱《しやだつ》で粋狂、軽妙でユーモアに溢れた好事家の薬屋であったことは間違いありません。この四つ目屋忠兵衛、女性の味方でもあったらしく、「女悦丸」の他に「女喜丹《じよきたん》」「好色丸」「鳴鶯丹《めいおうたん》」「喜陰方《きいんほう》」「受愛奇妙丸《じゆあいきみようがん》」「濡陰丹《じゆいんたん》」「刹那丹《せつなたん》」「女陰《によいん》屠蘇散《とそさん》」などの女性の媚薬《ほれぐすり》も扱っておりました。これまたすばらしい名前の付け方で感心させられます。この薬名を読んだだけで、忠兵衛の粋と粋狂さがわかるというものです。とりわけ「鳴鶯丹」や「濡陰丹」「刹那丹」なんて貴方、生理的にも心理的にも鑑賞的にも、正に絶妙なる命名であります。加えて「女陰屠蘇散」などはさらに巧妙で、「屠蘇」とは「鬼気を屠滅し人魂を蘇生させる」の意ですから、まあ「死ぬ死ぬ」と言って一度死んだ女性

（女陰）が、直ぐに息を吹き返して再び秘事《ひめごと》に戯れる、といった意味なのですから奥が深い。

では、このような女性への媚薬は一体どのようなものだったのでしょうか。実は、大半は四つ目屋忠兵衛と、薬店に出入りする友人の医者たちが考案したものなのでありました。処方の基本は中国の漢方にあるようですが、薬剤の配合や調合は独自のものでした。使われた薬剤は地黄、人参、胡麻《ごま》、五加皮、百合根《びやくごうこん》（ユリネ）、黒焼井守《くろやきいもり》、鮫骨粉《さめこつぷん》、当帰、茯苓、酸棗仁《さんそうにん》（ナツメ）、甘草《かんぞう》、芍薬根《しやくやくこん》、白朮、肉桂《にっけい》、川芎《せんきゆう》、薄荷《はつか》、坪草、蓮などです。これらをよく見ますと、確かに男性用強精剤とは少々異なっています。つまり男性用ですと、オットセイの睾丸や鹿茸《ろくじよう》、反鼻《はみ》（マムシ）などの動物性の薬剤や、淫羊藿《いかりそう》、黄精《おうせい》（ナルコユリの根茎）、高麗《こうらい》人参、冬虫夏草《とうちゆうかそう》、田七人参《でんしちにんじん》といった、いかにも男根直結の植物薬剤が主体なのですが、この女性用には胡麻、百合根、鮫骨粉、薄荷、坪草といった、強精強壮剤としてはあまり使われないものが入っております。これを見ても、四つ目組の調剤があながちいい加減なものではないことがわかるのであります。

その上、ひとつひとつの薬材が、確かに女性の催淫（発情）や陰門に作用を及ぼす役割を担っているのであるから凄い。例えば川芎は女性に特に効く強壮剤ですし、坪草は血流をよくするので回復を速めますし、薄荷と蓮は脳に清々しさを与えるので心の切り替えが速く出来ますし、鮫の軟骨と百合根、五加皮は筋肉の力を強めるなどの効能があるのです。赤腹《あかはら》とも呼ばれるイモリの黒焼きは、すでにお話ししたとおり、そのものズバリの媚薬とされ、昔から惚れ薬として有名でありました。その謂《いわ》れがとても面白いので、ここで述べておきます。

池か小川でイモリの雄と雌を捕ってきます。それを竹筒に一緒に入れて暗くしておきますといつの間にか交尾《つる》んで離れなくなります。その合体したままを麻糸で縛り、黒焼きにしてから細末にします。それを目当ての女性に振り掛けるか、あるいは気づかれぬようにして食べさせますと、その女性は夢中になって、どこまでも追いかけてくる、というストーリーなんですなあ。江戸人は、そのようなことを本気で考えて媚薬に配合していたのですから、ある面ではとても純粋だったのでありました。

このイモリの惚れ薬の逸話はまだあります。『甲子夜話《かっしやわ》』(肥前平戸の藩主・松浦静山《まつらせいざん》の随筆。大名や旗本の逸話、町の風俗などを見聞記的に筆録している)に次のような話が載っています。

「世に井守黒焼を媚薬に用《もちひ》ること人の知る所なり。かつて田沼氏(老中・田沼意次《おきつぐ》)閣老の時、その臣の井上伊織、三浦荘司、黒沢一郎右衛門など云しは、何れも世に時めきし者にして、……この黒沢と云しは、その始め主人の気に入らず。それゆゑ人も思ひつかで有るを殊に患《うれひ》て、ある日、かの黒焼を求て、密に主人にふりかけたるが、其験《そのしるし》にや、是よれり気に入りて……」。家来が自分の殿様にイモリの黒焼きを振り掛けて出世した、などという話を真《まこと》しやかに博識で知られる松浦静山が書いているのですから、イモリの黒焼きの媚薬効果の伝説は、当時は尋常ではなかったのですねえ。

ところで、文政《ぶんせい》五年（一八二二）に書かれた『閨中紀聞枕文庫《けいちゆうきぶんまくらのぶんこ》』の初篇には、確かに効きそうな媚薬の処方が数多く載っております。それがとても面白い。「長崎に来泊の蘭人、丸山（長崎の遊郭街）にて傾城《けいせい》（遊女）などに呑《のま》しむ薬也。牛肉三分（一分は約〇・三七グラム）、五味子（モクレン科チョウセンゴミシの実）二分、麝香《じやこう》三厘（一厘は分の一〇分の一）。右三味を細末にし、男の褌《ふんどし》の陰茎《へのこ》の当たる部分二寸四方を切り取つて、それに包んでから黒焼にすべし。それを、五月粽《ちまき》か亦《また》は正月餅か婚礼の餅を糊にして是を四十九粒に成し、本銀箔の衣を掛け、女に四十七粒呑ませ、男は残る二粒を懐中なすべし。此女、男を遠ざかり年月経て会ずに居ると云ふも、かならず忘事《わするること》なく恋したふといふなり。奇陽よりききつたひて爰に記す」。男の陰茎の当たるところ二寸四方、とはいやはや芸が細かいですなあ。

なお、これらの媚薬の中にニンニク（大蒜あるいは忍辱）を加えたものがないのは、きっと吐息などが臭くなるので用いなかったのでしょう。しかしニンニクには、医学的にもしっかりとした媚薬効果が明らかになっておりまして、女性の媚薬でもあったのですから、痛し痒《かゆ》しという訳です。

【牛肉のたたき】

しっかりと和風に仕上げた「牛肉のたたき」ほど、美味しい肉の食べ方はあるまいと、常々そう思っているので、今や牛肉といえば反射的に「たたき」と出てくるのが我が輩の味覚系中枢脳である。

久しぶりにそのたたきが食べたくなったので、我が厨房「食魔亭《しょくまてい》」で涎《よだれ》を流しながら、いささか興奮気味でつくった。それが期待を裏切らないほどの美味しさだったので、我が輩の料理の腕前を自賛し、あらためて「和風牛肉のたたき」の底力を知った。毎日毎日スタミナ切れの諸兄には、最適のスタミナ食でもあるから疲れたら食べるべきである。

先ず、デパートに行って、５００グラムほどの和牛肉のロースのかたまりを買ってくる。それに、塩を少し強めに振り込み、金串を2本打ってから、表面に少し焦げ目がつくくらいまで、強火で全面を焼く。それを、用意しておいた氷水にくぐらせて冷やし、串を抜いてよく水気を拭きとり、冷蔵庫に30分ほど入れてさらに冷やして、これでもう完成だ。

その牛肉を好みの厚さに切り分けると、中はやや沈んだ色調の赤色で、しっとりとしている上に光沢もあり、とても肉感的である。

たたきは通常、土佐じょうゆをタレにして食べるのであるが、この時は早く賞味したいので冷蔵庫内にいつも備えてある市販のポン酢を使う。薬味のニンニクをすりおろし、それをポン酢に落としてよく混ぜ、そこに箸でとった牛肉のたたきを一枚チョンと付けて食べるのである。

口に入れて噛んだ瞬間、牛肉が焙《あぶ》られてできた微《かす》かな煙香《けむりが》と、薬味のニンニクの匂いが鼻孔から抜けてきて、口の中ではシコシコムチムチとした肉の歯応えの中から濃厚なうま味と微かな甘みがチュルチュルピュルピュルと湧き出してくるのである。そして、そのシコシコ感は噛んで行くうちに次第にネチャネチャ、ネトネト感に変わって行き、そこから今度はさらに濃厚なうま味とコクとがジュルジュル、トロトロと流れるように出てきて、それがポン酢の酸味やニンニクの辛みと一体となり、絶妙となる。それをゴクリンコと呑み込んで、大興奮しながら2枚目を口に入れ噛みしめるのである。

牛肉のたたきはあまりにも美味しいので、一度に全部を平らげず、半分ほど残しておいて冷蔵庫に入れ、翌日は牛肉のたたき丼にする。炊きたての飯《めし》を丼に七分目ほど盛り、その上に牛肉のたたきを飯が隠れるほど全面にのせ、中央におろしたニンニクを少し置き、そこにポン酢を振りかけて食べるのである。正直それは、腰を抜かすほどの美味しさで、口の中は収拾のつかないほど、美味の混乱に陥いるのである。

【ヌラヌラの誘惑】

日本人の食卓の上で、もっとも古い粘性食物といえばイモ類であります。自然薯《じねんじょ》、長イモ、トロロイモ、仏掌薯《つくねいも》、銀杏薯《いちょういも》、大和薯《やまといも》などのヤマノイモ類はその代表で、なかでも人里近い山野林間に自生する自然薯は、粘りとアクが強く、大昔からおおいに食べられてきたイモです。炭水化物食としての材料のほかに、これらのイモは昔から「山薬《さんやく》」ともいわれ、滋養強壮剤としても重宝されてきました。昔は地下根だけでなく葉と茎の間にできる「零余子《むかご》」という小さな丸い実まで取ってきて飯に炊き込んだり、焼いたり、汁の実にしたりして食べてきました。

また昔は、東日本を中心として正月には、ヤマノイモをおろして「とろろ」

にし、それを食べて無病息災を祈り、また家屋の庭や出入り口の戸、屋敷内にとろろを撒《ま》いて、蛇や鼠などの侵入や害を予防するといった、呪術的な行事もありました。サポニンを多量に含む時期の根茎を搗《つ》き砕き、洗濯剤としたり、シラミの駆除剤に使ったことさえあったのです。

ヤマノイモ類には共通して消化促進としての効能がありますが、それはデンプン分解酵素であるアミラーゼを多く含むためで、飯にかけて「とろろ飯」、鮪《まぐろ》のぶつ切りにかけて「山かけ」というように生食が可能であるのも、このアミラーゼのおかげなのであります。あまり知られていないようですが、ヤマノイモには加工材としての用途も広く、「軽羹《かるかん》」のように米粉（ビーフン）のつなぎとして、また蒲鉾や半片、蕎麦《そば》のつなぎとしても多彩です。

芭蕉《ばしよう》の句「梅若菜鞠子《まりこ》の宿《しゆく》のとろろ汁」で知られるとろろ汁は、自然薯、仏掌薯などのヤマノイモ類をおろし、それを味噌汁や澄まし汁で摺《す》りのばしたものであります。異称を「言伝汁《ことづてじる》」といいますが、これは、飯にかけて食べると、ことのほか食が進むから「飯《いい》やる」、これを「言いやる」にかけた呼び名だと、『醒睡笑《せいすいしょう》』（安楽庵策伝《あんらくあんさん》著、江戸初期）にみられます。

この「とろろ」の語源は、室町期の『新撰類聚《しんせんるいじゅう》』に「鯛とろろ」、『庖丁聞書《もんじょ》』に「鳥とろろ」として出てきますが、これはここでいうヤマノイモのとろろではなく、鯛や鳥を焼いて身をほぐし、これに味噌汁をかけたものです。やはりヤマノイモをおろした状態がトロトロとした性状にあるので、そのまま「とろろ」としたのでしょう。ヤマノイモの「とろろ汁」については、室町末期の『多聞院日記《たもんいんにっき》』、江戸初期の『料理物語』に、ヤマノイモをおろして味噌汁でのばし、アオノリを薬味にして食することが記されています。ちなみに「麦飯にとろろ汁」の俚諺《りげん》は、互いの相性がよいことをいいます。

日本人が舌にヌラヌラしたとろろの感触をおおいに好み、海にまでその食材を求めたのが『万宝《ばんぽう》料理秘密箱』にある「鮑《あわび》のとろろ汁」であります。生きた雄のアワビを多量の塩で揉み続け、締めて硬くしてからおろし金でおろします。これにヤマノイモをおろしてつくったとろろ汁を同量混ぜて食べるのですが、アワビのうま味と、とろろの甘いトロ味とが相乗しあって、その野趣味はおおいに舌を躍らせてくれます。この料理一品をみても、いかに日本人が粘性の食べものを好む民族であるかがよくわかるというものです。

里芋《さといも》も、とろろと同じガラクタンを中心とする多糖類の粘性物質をもっています。古く稲作の到来以前に日本で食べられていたといわれますから、日本人とは切っても切れない関係にあるのです。それゆえ『倭名類聚鈔《わみょうるいじゅうしょう》』では、イモといえば「家芋《いえついも》」と読ませて、すべて里芋のことをさしていました。

昔から八月の十五夜には枝豆とともに茹でた里芋を食べ、また九月の十三夜には皮つきのまま栗とともに茹でて食べました。さらに正月の雑煮《ぞうに》に、このイモを必ず入れるところがいまでも全国で見られます。地方によっては「餅なし正月」といって正月には餅をいっさい使わず、餅の代わりに里芋を使うところも多く見うけられます。このように冠婚葬祭に必ずといってよいほど里芋を食卓に供するということは、里芋の重要性を示すものであり、これはまた日本の農民食文化史上、深い意味をもっているといえるのです。

群馬県では里芋のことを「陰《かげ》の俵《たわら》」、九州地方では「食《け》（食事）芋」と呼ぶことなどは、米を主食としていなかった時代の重要な食糧であることを示しているものです。したがって里芋は、水田稲作とは明らかに異なる文化を構成するものととらえて、里芋を位置づける必要があります。

里芋は、このように日本人と密接に歩んできた食材でありますから、知恵者の日本人はこのイモでさまざまな料理をあみ出してきました。煮物や汁の実はもっとも一般的で、雑煮、田楽、芋棒（棒ダラとの煮付け）、芋餡《あん》（茹でた里芋をすりつぶし、これに小豆餡《あずき》をからめて食べる）など多彩に食されてきたのです。

とろろと同じく里芋特有のヌメリはアクが強いため、皮膚にかゆみを与えたり、煮るときにヌメリが汁の粘度を高めて、泡立ちや吹きこぼれの原因になったり、また醤油、酒、味醂《みりん》といった調味料の浸透を妨げるなどの理由から、このヌメリを取り除くことが多いのです。そのさいは、ヌメリを形成する粘性物質は食塩水に溶けることを利用して、煮る前に塩もみするか、または塩を入れて下茹でするとよろしいでしょう。

イモ科に属する多年生草本でやはりヌラヌラ感のあるのは、地下茎の蒟蒻《こんにゃく》です。わが国には仏教伝来とともに精進《しょうじん》料理用として伝来したとか、遣唐使が持ち帰ったとかいう説がありますが、今では日本人だけの帰化食材になってしまいました。平安時代の『拾遺和歌集《しゅういわかしゅう》』に蒟蒻が初見されますが、庶民の食べものとなったのは、江戸時代からのようです。

その主成分はマンナンで、水を加えると著しく膨潤《ぼうじゅん》しコロイド化しますが、これにアルカリを加えると凝固して不溶性となります。そのゲルの弾性や歯ごたえ（テクスチャー）を味わうのが蒟蒻の楽しみで、表面に残る特有のヌメリ感が人気の秘密でもあるようです。

蒟蒻の主成分のマンナンは体内で分解されませんから、栄養学的にはまったくといってよいほど価値はありませんが、腸管を清掃する効果があるといわれ、体内の汚れや砂を払うとされて「腸箒《わたぼうき》」の異名を持っています。「事《こと》八日《ようか》」（旧暦二月八日のお事始めと、同一二月八日のお事納め）や針供養、冬至、庚申《こうしん》、大掃除など年や季節の変わり目に多く食べられますが、これはからだの不浄とともに精神的な汚れも払って、心身ともに清浄にしようというものであります。

蓴菜《じゅんさい》はキンポウゲ目スイレン科に属する多年生水草でヌルヌルしており、古くは「ぬなわ」「根ぬなわ」と称されました。

近畿以北の湖沼に産しますが、とくに東北、北海道が有名で、なかでも北海道大沼公園内の小沼は、別名を「蓴菜沼」と呼ばれるほど有名です。

その根は沼中にあり、そこから細長い茎を出し、その先に葉をつけますが、この葉は楕円《だえん》状盾型で、騎士の持つ盾に似ていることから英名ではウォーターシールド、すなわち「水中の盾」という洒落《しゃれ》た名を持っています。やや大きくなった葉は水面に出ますが、若い葉や芽は水中にあり、その葉の表裏には濃度の高い粘性物質を分泌し、その部分は透明な寒天ゲル状でありま す。蓴菜は淡泊な味と滑らかな舌ざわりを持ちますから、春から夏にかけてその若葉や芽を摘みとり珍重します。

最近ではビン詰めにされて広く売られていますから、比較的手軽に楽しめるようになりました。さすがに水中で育つだけあって成分の大半は水でありま す。繊維分を一〜一・五％含むほかは、タンパク質〇・五％以下で、なんと九八％以上は水で出来ています。したがって栄養的価値はほとんどなく、昔から質素な食生活をしてきた日本人の好みの水菜であることがよくわかりま す。ですから、精進料理や修行食によく出されてきて、この種の食べものはどちらかというと味覚そのものよりも精神的な味を求めるものが多く「侘《わ》び」とか「寂《さ》び」といった哲学的要素が含まれている場合が多いのです。そしてこのような食べものが共通して質素な味と低カロリー、水分過多なものばかりであるのも面白いものです。

ヌメリ感を食味の真髄とするのは滑茸《なめこ》もそうであります。日本特産のキノコで、大昔から山に自生していましたから、食の歴史をたどれば、はるか彼方であります。市場出荷前の鑑別では「かさが開き切っていないもので、粘性物の多いもの」を最上とするほどですから、いかにこのキノコの滑らかな舌ざわりを日本人が好んできたか容易に理解できます。ダイコンおろしと和えたり、汁の実にしたりしますが、とくに味噌と合い、油ものなどを食べた後の滑茸の赤だし汁は絶妙というほかはありません。

今は市場に出ているもののほとんどが栽培もので、一年中出回っています。表面がヌラヌラしてすべることから「ナメラ」といい、「ナメラキノコ」と呼ばれましたが、ナメラの「ナメ」とキノコの「コ」を取って「滑茸」となったそうです。昔から「精がつく」とか「体毒が消える」などと伝承されてきましたが、その成分を見ましてもビタミンB1、ビタミンB2、ナイアシン、エルゴステリンをいくぶん含んでいるほかはほとんど栄養価はありません。したがって味と香りとヌメリ感を命とするキノコであります。なお滑茸や蓴菜の粘性物質はマンノースを主体とした多糖類です。

蕨《わらび》、深山刺草《あいこ》、草蘇鉄《こごみ》、擬宝珠《うるい》、蟒草《うわばみそう》など日本特有の山菜にも粘質感触を味わえるものが少なくありません。とくに草蘇鉄などは、噛むとヌメリが出てきて、何ともいえない感触が楽しめます。また蟒草は、擂鉢《すりばち》で潰すといっそうのヌメリが出てきますから、これを納豆と和えて醤油で楽しみますとよろしいかと存じます。

割った鶏卵を椀に落とし、これに醤油を加えてかき混ぜ、熱いご飯の上にかけてかき込む「卵かけご飯」は、日本人だけが持つ素朴な美味食であります。卵白のあの粘性物質はオボムチン、オボムコイドなどの特殊なタンパク質です。このヌメリ味はかつては日本人の朝食の常連といったところでした。

現在、日本人一人あたりの鶏卵年間消費量は、家庭の料理やマヨネーズや製菓用などの業務用も含めると、アメリカやドイツに次いで世界第三位の鶏卵消費国になっているそうです。

けれども昔はあまり食べられていませんでした。たとえば『日本霊異記《にほんりょういき》』（奈良時代）や『沙石集《しゃせきしゅう》』（鎌倉時代）などには、卵を食べたために恐ろしい報いを受ける、といった話が多く見受けられるところから、呪術的な拒否理由があったのだろうという見方の人もいます。もっとも、その頃は鶏卵を食べたいからといっても、そう簡単に手には入らなかっただろうと思います。

日本ではじめて鶏卵料理の本が出されたのは、江戸時代の寛永《かんえい》二〇年（一六四三年）の『料理物語』で、そこにはじつに手の込んだ鶏卵の料理法が記述されています。しかし、いくら卵の本が出たといっても、江戸時代、卵は庶民にとってはまだ高嶺の花で、一部の特権階級や裕福な商人などの食べものでありました。庶民が比較的ポピュラーに食べられるようになったのは明治時代に入ってからのことであります。

鶏卵を「玉子」とも書くのは球形で丸いことからの「たま（玉）」、それに「児」の愛称「こ」で「たまこ」が「たまご」になったという説もありますが、ある説では「魂の入った子」から由来したとも解されています。古語には「卵子」「孵子」があり、「カヒコ」は「カイコ（貝子）」であって、「貝のような（石灰質の殻に入った）子」からきたとの説もあります。

ともあれ昔の人たちにとって外観からは生命《いのち》がまったく感じられない球状の物質から突如として生きた雛《ひな》が生まれてくるのですから、大いに神秘を感じたのは間違いないでしょう。そのため昔、北東アジアやヨーロッパには卵から生まれた人が、その民族の祖になったという「卵生神話」も多くありました。日本でも『古事記』に出てくる「天日槍《あめのひぼこ》」の説話や『日本霊異記』などに見受けられる、卵状のものから人が生まれる話などはその例であります。

【無敵の豚汁《とんじる》】

我が厨房「食魔亭」の名物料理といえば、「鮭の頭の粕汁」「鯨《くじら》のペッパーステーキ」「くさやと鮒酢《ふなずし》のお茶漬け比べ」「丸見えのオムレツ」「鯵《あじ》の天麩羅の煮込み丼」などいろいろある。中でも「無敵の豚汁」は、そのおいしさといい、ボリュームといい、とても人気が高い。

材料は豚の薄切り肉、里芋、人参、牛蒡《ごぼう》、葱《ねぎ》、大根、厚揚げ、キムチである。大根は皮をむいて銀杏《いちょう》切り、里芋は皮をむいて四ツ切り、牛蒡も皮をこそげてから斜《はすぎ》切り、人参は皮をむいてから銀杏切り、葱は1本分を小口切り、厚揚げは手で押しつぶしてぐちゃぐちゃにほぐし、キムチは少なめでよいからざく切りにし、豚肉は3センチ幅に切って下拵《したごしら》えは終わり。

鍋にサラダ油を引き、まず豚肉を炒《いた》めて火を通し、そこに葱以外の具をいっぺんに入れ、ダシ汁をたっぷりと注いで煮る。沸騰してきたら、火を弱めてアクをとり、蓋をしてじっくりと15分ぐらい煮る。これに味噌を適宜の量加え、ひと煮して出来上がり。

この豚汁を丼にたっぷりと盛り、その上から刻んでおいた葱を多めに撒く。炊きたての熱い飯を丼に盛り、脇に添えて「豚汁定食」の完成。豚汁と丼飯だけであとは何もいらない。あっては困る。

まず丼の豚汁をズーッと啜《すす》る。汁は口に入って一気に広がり、鼻から豚汁の具と味噌、葱、キムチなどの匂いが一体となって抜けてくる。そして口の中には、豚肉からの濃厚なうま味と脂肪身《あぶらみ》からのコク、里芋や人参からの甘みなどが広がり、さらに厚揚げからのクリーミーな感じのコク、キムチからのピリ辛も追いかけてきて、その全体を味噌の風格あるうまじょっぱ味が包んでくれるので、もはや収拾のつかないほどの美味の混乱が舌の上で起こるのである。

このままでは、美味のあまりその汁だけで失神するのではなかろうかと、気をとり直して飯を食べるのである。すると今度は、白い飯が口の中で単独行動し、噛むほどに上品な甘みと優雅なうま味とが湧き出してくる。

そしていよいよ豚汁の具と汁とを一気に口に入れて噛むと、里芋のネチャリ、牛蒡のシャリリ、大根と人参のサクリ、厚揚げのフワリ、肉身のシコシコ、脂肪身のブヨヨンといったさまざまな歯応えがして、そこから濃くて、甘くて、うまくて、ピリ辛で、コクがある美味の集合体が、じんわりじゅんわりと湧いて出てくるのである。それをすっかりと味わってからゴクリンコと呑み下し、次に豚汁と飯を同時に口に入れて楽しむ。こうして豚汁と飯だけで味覚極楽急行の切符をゲットした。

【鰻《うなぎ》の白焼き】

夏の暑い日、体がバテちゃうなんて一人前のことを言って、帰路に鰻屋に寄って白焼きを買ってきた。

そして真夏だというのに、電気コンロを物置から引っ張り出してきて、その上になべをのせ湯を沸かした。そのなべの上に、ちょうどふたになるような大きめの皿をかぶせると、皿は下からの湯気で常に熱さを保っているから、そこに白焼きをデンと横たえて温める。わきにはワサビ醤油とダイコンおろし醤油をはべらせて、この双方のタレを交互につけて真夏の夜の暑気払いとしゃれた。酒はぬる燗の純米酒。

鰻は関東では細め、関西では太めを選び、関東では背開き、関西では腹開きにし、竹ぐしを打って白焼きにする。関西ではその白焼きにタレをかけながら付け焼きとする長焼きものであるのに対し、それでは脂肪《あぶら》が強すぎ、皮も硬いというので、蒸して脂肪を抜き、軟らかく仕上げてからタレで付け焼きをするのが関東。

鰻めしでも、関東は蒲焼《かば》きをめしの上にのせるのに対して、関西では「まむし」と称して、蒲焼きをめしの表面と中に二重に入れたり、小さく切ってめしに混ぜたりする。

さて、私が暑気払いでうれしがった白焼きだが、これは東でも西でも共通している素焼きのことで、鰻本来の持つ独特の風味を賞味できるから、鰻好きにはこたえられないものである。

目の前にまぶしいばかりの温かい白焼きを据え、ワサビとダイコンおろしの薬味に純米酒で飲《や》る。口の中でねっとりと鰻のコク味がおどり、ともすればワサビが鰻の脂肪ではねつけられたとしても、やはりこの食べ方は最高である。

蒲焼きを本来とする鰻だけれども、客に出すには白焼きの方が鰻屋にとっては厳しいのかもしれない。蒲焼きにおけるタレの具合は鰻屋の命にかかわる事であるが、白焼きはそのタレを付けないから、これは手抜かりならぬこと。用いた鰻のよしあしが即座に客にバレてしまうからである。

活きのよくなかった鰻の白焼きは、何となく汁臭いような、蒸れたにおいがするし、味もボケている。新鮮なものはそれがなく、はしでちぎると表面に少し弾力があって、しかし口に入れるととろけるようにコクが出てくる。だから白焼きを自信を持って出してくれる鰻屋に行って、ぜひ一度鰻の神髄を味わってみるべきである。

【チーズの匂い】

人間は確実に感情をもった唯一の動物であるがゆえに、哺乳類の中でひとり他の動物の乳を横取りして飲み、そして加工して食べることを大昔からしてきたいけない生きものです。最初に飲んだ乳は、人間の近くにいて、乳房が魅力的なほど巨乳を誇る野生の山羊《やぎ》ベゾアールやマーコールでした。今から一万年以上も前のことです。この山岳山羊を何頭も捕らえてきて、すぐに潰して肉を食べることなく、たっぷりと草を与えてやって、狼からも命を守ってやりました。

人間の腹黒い魂胆を見ぬけない山羊たちは、この手厚いもてなしに感涙し、そのうちに乳を搾取されても怒らず、使いものにならなくなったら肉にされて食べられてしまうのに、「これは物事の筋道なのだ」と悟ったのか、諦めてしまいました。こうしてつまり、家畜化されたわけです。牛はもっと後になってから同じ運命をたどりました。

そのうちに人は、搾取しすぎた乳を加工して、保存食としてチーズを造りました。屠殺して肉を食べる時に出る山羊や羊の胃袋を乾燥させて作った袋の中に搾取した乳を入れておきますと、胃袋に残っていたレンニンというタンパク質凝固酵素と乳酸菌の作用で、乳は塊《かたま》りとなってチーズができたのです。

それから何千年もたって、チーズは地球の隅々にまで広まりました。地球上、どこを旅しても、地酒とチーズは大体手に入ります。旅で出合ったチーズの話でもいたしましょう。

私は発酵学者というわけで、地球上のどこを旅しても、訪ねた国々の発酵食品には強い関心をもって接してきました。中でもチーズはその恰好の対象物です。味が嬉しい。見た目が怪しい。そして匂いがきわどいからです。

味が嬉しいのは、奥深いコクと酸味に絶妙のバランスがあって、その上、歯ごたえというか、口の中の感触というのか、そのあたりにぬめりくる妙味があるからです。

見た目が怪しいというのは、日本にいてただじっと座ってチーズを食べている人にはわからないことですが、トルコやブルガリア、ユーゴスラビアあたりの田舎のチーズ屋にでも行きますと、とにかくそのあたりがよくわかるのです。これが本当に食べものかいな、食っても大丈夫かいな、と疑いたくなるほど、それはものすごい姿をしている。

チーズ全体が何種類もの毛カビに被《おお》われていて、赤や黒や緑や青や黄色の混じったカビの塊りになっているんです。ただひたすら全面がカビ、カビ、カビだらけ。過激ですなあ。中のチーズはカビで見えません。それを手にとって、プッと息を吹きかけてみると、またまた凄《すご》いのなんの。カビの胞子がワァーと飛び散って、顔中に返ってくるわ、店の中がカビで曇るわ、鼻の穴に胞子が入ってクシャミが出るわ。

ところが店のおっさん、涼しい顔して手でパタパタとカビを払い、「こりゃうまいぜ」とかじったりしています。とにかく、怪しいというより恐ろしい、やばいといったチーズもこの地球上には多いのです。

そしてきわどいほどのあの匂い。好事家に言わせれば妖《あや》しいほどのあの匂いこそ、実はチーズの最大の特徴なのでありますが、その匂いの本体は酪酸やプロピオン酸、カプロン酸といったヘプテノン、ノナノンといった成分で、チーズの表面につく乳酸菌と酵母、バクテリウム・リネスという細菌などがその匂いを作ります。

そんなチーズの匂いに関して、フランスには次のような小咄《こばなし》があります。

——戦陣で疲れてお休みのナポレオン・ボナパルト皇帝、作戦会議が始まろうという時間なのになかなかお目覚めが相成らぬ。そこで一計を案じた侍従が、やおらこれぞと思う食卓のチーズをひとかけら持ってきて、寝ている皇帝の鼻先につきつけた。するとナポレオン、「おお、ジョセフィーヌ！」と叫んで起き上がり、まだ寝ぼけた眼で「今夜はもうこれでよい。余は疲れた」と言ってまた寝てしまった——。

その種の匂いのチーズ、すなわち大概の大人ならついニヤリとするような猥褻《わいせつ》性のあるチーズの代表は、何と言いましてもリンブルガーという名のベルギーのチーズでありましょう。中世の修道僧がリエージュの東、すなわち今のドイツとの国境に近いリンブルクでつくったのが最初だったのでその名があるわけですが、同じ地方のエルヴェという名のチーズもリンブルガーに負けないほどの立派な臭みを持っています。そのチーズを注文して、黒パンとワインで一杯やっていましたら、一緒に行ったドイツ人の友人が肩をつぼめ、小さな声で言うのです。

「わがドイツにもこれに負けないほどの臭みを持っているティルジッターというチーズがあるが、ドイツの紳士はそれを外で食べたらその後よく口をすすいでから帰宅することになっている。奥方にあらぬ疑いをかけられると困るからね」

と嘯《うそぶ》いて、私をからかったのでした。

洒脱酔狂《しゃだつすいきょう》なドイツ人ペネルが、乳やその加工品の匂いを女性の匂いに形容して「娘はミルク、花嫁はバター、女房はチーズ」と言いましたが、そのティルジッターはまさにその「女房のチーズ」にあたるものなのでしょう。それにしても、日本の出世魚の呼び名の如きこの形容は誠に面白いものであります。

そういえば、南ドイツに旅した時に出合ったハントケーゼというチーズ、そしてイギリスで食べたスチルトンというやつ、イタリアのボローニャで味わったゴルゴンゾラというやつもナポレオンが錯覚する手合いのチーズでした。

また、フランスのプロヴァンスのボークリューズで見た石壺に入ったチーズも珍しかったものですから、今でも覚えています。山羊の乳を原料として作った、実に強烈な臭みのあるチーズで、そのあまりの臭みに近づく者もないというので、それでは少し匂いをやわらげてやりましょうというわけで、そのチーズをブランデーに浸したブライアー（ツツジ科の落葉低木）の葉に包んでから石壺の中でさらに二カ月間熟成させ匂いを落ち着かせたものです。前にあったあの強い臭みはすっかり消えて、かなりマイルドな風味に変わっていました。さしずめ女房が娘に若返ったようなものだと思った次第です。

【納豆】

納豆にはビタミンK（血液凝固促進作用があるとされる）が含まれているので、むしろ納豆は血栓症を起こしやすい食べものだ、として警鐘を鳴らす人もいるが、その血栓を溶解する作用のあるナットウキナーゼの存在が証明されたり、また、血液の凝固を阻止するそのような酵素を活性化するウロキナーゼという酵素も含まれているので、ほとんど問題はないとされている。また血栓症は必ずしもビタミンKだけの存在で起きるのではなく、複雑な要因が絡み合って起きるのであるから、納豆が直接そのような症状を起こすものではないとされている。要はワルファリンのような薬を使って血栓症や心臓病を治療している人を除いては、全く問題のない健康自然食品なのである。だから我が輩は誰が何と言おうと納豆を食べ続けてきた。もう三〇年間、毎日二パックは食べてきて、今やウンコが糸を引いている有様だけれども、別段、体がおかしくなったこともなく、ますます快調なのだ。とにかく納豆は、とても優れた栄養成分を含有している。

　納豆菌の繁殖によって、煮ただけの大豆に比べ糸引き納豆にはビタミンB_2が一〇倍も増加している。納豆菌が繁殖するときに生体内でビタミン類を生合成し、それを菌体外に分泌したためである。ビタミンB_2は人の成長を促進したり、体内におけるさまざまな重要な代謝を活性化させる役割をしている。またビタミンB_1やB_6、ニコチン酸なども納豆には多いが、ビタミンB_1は脚気《かっけ》防止、しびれや筋肉痛、心臓肥大、食欲減退、神経症などの防止、ビタミンB_6は体内でアミノ酸の代謝や成長に関与し、皮膚炎を防ぐなどさまざまな重要な働きをしている。

糸引き納豆の栄養価としての最大の特徴は、豊富なタンパク質にある。全体の一七％がタンパク質で、活力源《スタミナ》となる遊離のアミノ酸（ほとんどが必須アミノ酸）も発酵前の大豆に比べて八〇～一〇〇倍と比較にならないほど増加しているので、栄養価値が極めて高いことになる。納豆の旨味のもとはグルタミン酸で実に一％以上も含まれている。ほかに無機質も一〇〇g当たりカルシウム九〇mg、リン一九〇mg、カリウム六六〇mgと豊富なのである。

特に最近、糸引き納豆には、幾つかの健康的機能があることがわかってきた。納豆から由来した納豆菌は、腸内で有毒菌の繁殖を防ぐ作用を有することのほか、二つの重要な酵素が見つかったのである。

その一つはナットウキナーゼという酵素、もう一つはアンギオテンシン変換阻害酵素という酵素で、前者は血栓を溶解する働きをし、血栓の主成分であるフィブリン（繊維素）を溶かしてくれるのである。すでにこの酵素は血栓溶解剤として開発され、経口投与することにより、腸管内から血中に吸収されて血栓を溶解することが証明され、経口繊維素溶解治療法として実用化されているほどである。

後者のアンギオテンシン変換阻害酵素というのは、抗血圧上昇性酵素で、高い血圧に対して降下作用を持つ酵素として注目され、現在、その研究が進んでいる。

また、早飯食いの日本人には、納豆はうってつけの食べものである。ご飯に納豆をかけて食べるとき、ヌルヌルのためによく噛まずに飲み込んでも、そう心配ないのは、糸引き納豆にはデンプンやタンパク質などを分解する消化酵素が豊富に含まれている（発酵中の納豆菌が分泌してくれる）からで、まことに好都合にできているのである。

では、どんな方法で納豆を食べているのかというと、通常は普通の食べ方、すなわちご飯に納豆をかけて食べるのだけれども、週に一、二回は次に示す「ネバネバーダ」という食べ方で精力をつけている。この食べ方は我が発酵仮面の厨房「食魔亭」のオリジナル料理であるが、疲れた時、これを啜り込むと、あっちにも、そっちにも、こっちにも、どっちにも効くので、ぜひお試しになられるとよろしい。

その「ネバネバーダ」のつくり方は次のとおりだ。

納豆三パックは包丁でよく叩き、とろろ芋半身は表面の皮をむいてからおろし金でおろしておく。その納豆ととろろ芋を同量ずつ大きめの器にとり、互いをよくかき混ぜてからこれに滑子《なめこ》の缶詰一缶を開けて粘汁もろとも加え、さらに生卵三個を割って落とし、なおいっそうよくかき混ぜる。器の中で納豆、とろろ芋、滑子、生卵がトロトロになって混じり合い、少々キメの細かい泡など起こってくる。これに茹でてから微塵《みじん》に切ったオクラ三本を加え、さらに醤油を適宜の量加えて味を調《ととの》えてから、小器に分け、その上から刻みねぎを薬味に撒いて出来上がり。

納豆、とろろ芋、滑子、生卵、オクラ。いずれもヌラヌラ、ネバネバ、スベスベ、ベトベト感覚をもった食べものである。これらを混ぜ合わせてつくった酒肴なので、「ネバネバーダ」と呼ぶのだが、日本酒の肴にしてピッタリと似合うだけでなく、下戸がこれを熱いご飯の上にかけて、早飯を決めこむのにも格好なおかずとなる。また、夏は冷奴、冬は湯豆腐にこの「ネバネバーダ」をかけて食べると妙だ。

納豆には血管に沈着している老廃物を除去する働きがあり、とろろ芋は古来から「山薬」といって脾《ひ》と腎の薬になったり、松の内にこれを食べれば中風にかからぬとの俗信もあった。滑子は滋養によく、卵はタンパク質を豊富に含み、とにかくこの「ネバネバーダ」は疲れた体に活力をつけてくれるうってつけのものなのである。これからも、我が輩は納豆食って納得《なっとく》人生よ!!

【「食欲」と「愛欲」】

いよいよ死ぬとき、覚悟しなければならないのは、それまでの全ての思考や行動が死の時点で完璧に止まる、あるいは終わることである。朝起きて家族の顔を見たり、食事をしたり、好きな散歩をしたり、文を書いたり読んだり、また美味しいものをつくったり、食べたりすることは全くできなくなることだ。

それまで、その人が生きてきた中で、一種の潤滑油のような役割を果してきたのは「欲」あるいは「欲望」であるが、これも残念ながら完全終了となる。

嗚呼、何と寂《さび》しいことか侘《わ》びしいことか。

「欲」は、基本的には同じ意味なのだが、ニュアンスの違いにより二つに解釈される。そのひとつは「願うこと」、「ほっすること」すなわち「欲求」「貪欲」であり、他方は「ほしいと思う心」、「むさぼりほしがる心」すなわち「愛欲」、「食欲」、「欲情」などである（『広辞苑』）。我が輩が死を目前にして、それを失うとき、どちらが無念かといえば当然後者である。とにかくこれまで、生きてきた間中、「むさぼりほしがる心」をずっと持ち続けてきたものだから、死んでこれが無くなると思うと、とてもやり切れない。願うれば、死後の世界には西方十万億土経た所に在るという極楽という浄土でも、食欲と愛欲は是非是非果したいと思っている。ところが、仏の世界ではこれらの欲は「塵《じん》」であり、本性を汚すものとして戒められているので、これも御法度となれば、もう生きる望み（もっとも死んでいるのだが）はほとんど無い。

これまで「味覚人飛行物体」、「走る酒壺」、「歩く食糧事務所」、「ジュラルミン製胃袋」、「発酵仮面」、「口門様《こうもん》」（口から食べて肛門から出す）、「ムサボリビッチ・カニスキー」（カニを食べさせたら世界一上手で、そして大量に食べることができる）、「究極のリカオン」などと、食欲の塊《かたま》りのようにして生きてきた我が輩に勲章のように付けられた渾名《あだな》に懸けても、死にきれないのが本音だ。

とにかく世界中、これまで何十カ国を駆け回り、さまざまな奇食珍食奇酒珍酒美食美酒駄酒愚酒なんでもござれで胃袋にかっ込んできたのが、死というたったの一字でプツリと切れてしまうのだから、これは相当の覚悟で臨まなければならない。

一方、「愛欲」の方だが、ついにおさらばということになるのだから、こちらもとてもやりきれない侘びしさがある。何せ生きている成人男性の多くは男性機能が役立たずになってしまうともう人生の大半が終わってしまったように考えてしまう人が多いというからあとの死までの余命はとても深刻だ。中国の皇帝の中には、童の尿まで飲んで愛欲を希求した強者もいるというから、それが無くなるということは只事ではないのだ。

「欲」という観点から考えても、このように「死」は全ての希望、願望を終わらせることなのだから、実に遣《や》り場がないことになる。それではいっそのこと、生きている今こそ、その願望、欲望を大いに満喫した方がよろしいのではあるまいかということになり、男たちの中には「死」を意識したとき、再度発奮したくなるのも人間的に自然な考えなのかも知れない。

そのため、多くの男性は「死」に至るまでの有機的時間を「食欲」と「愛欲」の欲求を果すため、これを生活の一部として更なる喰い込みを計ることになるだろう。生きる糧の大切なものとして、自らの心と体を強くすることにつながる行為だと思う。では残された日々、何をすべきか。

先ず「食欲」では、これからはできる限り「妙味必淡《みょうみひったん》」の世界を追い求めて行きたい。「妙味必淡」とは我が輩の造語のひとつなのだけれども、その意味は「濃い味付けや濃いうま味の料理は、その時は美味しいと思うが、それはいつまでも心に宿らず直《す》ぐに忘れてしまう。しかし、淡い味なのだが上品なうま味や甘みを持った料理は、いつまでも心に残って忘れることができない」である。実はこの「妙味必淡」の意味は、女性の愛し方にも通じるのだ。あまりにしつこい（濃厚な）愛し方は、その時は女性も喜ぶであろうが、それは直ぐに忘れ去られてしまうものである。しかし、心を込めて淡くさっぱりと、清く愛することとは、女性にとってその喜びは心の中にまで記憶されるほど永く続くものであるのだ。とにかく、そのような食べものや料理をこれから死ぬ直前まで我が輩は求めて行きたい。

一方、「愛欲」の方は、どんな男でもいつまでも元気にいたいので、そのためには、日頃の健康管理も必要であろうが、場合によっては我が輩の『絶倫食』（新潮社刊）をバイブルにして、食べものからの不老化を推し進めて行くことをおすすめする。

まあ、こうして「死」というものを念頭に置いて、物事を考えたり書いたりすることは大切なことだと思う。人生は限られていて、必ず死をもって了《おわ》るのである。その死をさらに先に延ばして長生きをしたくても、心の栄養剤としての「欲」が萎えてしまったら、それこそ「死」の方からどんどん近づいて来るものである。食欲でも愛欲でも、生理を伴なった「欲」をいかに残された人生に上手に生かすことができるかが、これからの生と死の間の距離の長短を決めるような気がする。

第五章

食魔亭レシピ

【目張《めばる》の煮付け】

ついに目張の旬が来た。二月から五月が特に美味しい。よく行く魚市場の店頭にも「広島産」とか「紀州産《きしゅう》」などと書かれた紙札が陳列ケースの上に貼ってある。今年は例年になく形が大きく、大きな目も張っていて、これは期待できるぞと思い二尾買った。体長は二十センチぐらいで刺し身や煮付けにはちょうどいい。

かなり肉厚で、指先で押すとむっちりとはね返ってくる。目は澄むように輝いていて、捕ってすぐに氷詰めされ東京に急送されたのであろう。早速二尾とも下ごしらえをした。鱗《うろこ》を取り、腸《わた》を去り、一尾は刺し身用に三枚におろし、他方はやや大型のため煮付けた時に火が中まで通るようにと背の方に数本の切り込みを入れてから醤油、日本酒、味醂《みりん》で煮付けた。

刺し身におろすと、白身は透き通るようでピロンピロンとし、見ただけで口の中はもう涎《よだれ》の洪水になりかけている。一方、じっくりと煮付けたものは、形も崩れず身もしっかりと締まっていて、これぞ煮魚王子といった威風であった。

いよいよ賞味の時が来た。酒は少し甘口のぬる燗と決め、盃《さかずき》は肉厚のぐい呑みを選んだ。その燗酒を盃になみなみ注いでグビ～ッとひと呑みした。例によって酒は、喉をゆっくりと下りていき、胃袋あたりで静かに回るように熱くなり、五臓六腑にジジ～ンと滲《し》み渡っていった。

小皿に醤油を注ぎ、ワサビを一枚の目張の刺し身に少し付け、醤油にチョンとふれさせてから口に入れて噛んだ。瞬時にワサビのツンツンが鼻を突き、快い辛さが広まっていくと同時に、コリコリとした刺し身の歯応えの中から、白身魚特有の上品な甘みと優雅なうまみがチュルチュル、ピュルピュルと湧き出てくる。ああ、美味《うま》いなあと感激に浸り、それを顎下《がっか》にのみ下してからまた酒をコピリンコした。

そして次は煮付けである。まず大きな目玉のところに箸を入れて、掬《すく》い取るようにしてから口に入れると、目玉付近のブヨンブヨンとしたところから、絶妙のうまみとコクがトロトロと出てきた。次に頭に近い方の肩の辺りに箸を入れてほぐすと、中から真っ白い身と少し煮汁に染まった身とが眩《まぶ》しく現れてきた。そこをやや大きく箸で取ると、身はハラリといった感じで骨から離れた。

目張は骨離れのいい魚だけれども、今回のものは実に新鮮なので一層よく離れた。それを口に入れて噛むと、目張から気品のあるうまみと淡い甘みが出てきて、それが煮汁の淡い甘じょっぱさと一体となって、あとはもう、どうなっても知らない、という、責任のとれないほどの美味しさであった。

【焙《あぶ》り鮪《まぐろ》】

最近「焙り鯖《さば》」とか「焙り鮪」などという食べ方をよく目や耳にする。「焙る」または「炙る」と書いて「あぶる」と読み、「火にあてる」とか「軽く焼く」という意味を持っている。魚や肉をこのような方法で調理して食べると、それまでになかった風味が付いて別の味が楽しめる。

実はこの味覚人飛行物体の我が輩は、焙りの手法をとても前から行ってきた焙り名人で、いろいろな魚介類を焙りのテクニックで美味しく賞味してきたのである。

これまで焙って最も美味かったのはトロのように脂肪ののった魚で、中でも鮪は絶品であった。大切な人を家に招いた時などには、時々これをやる。鮪の中トロあたりの刺し身の短冊切りを一枚買ってきてそれを使うのである。

とても高価なので失敗は許されない。決して油断せず、慎重に行うことを心がけている。フライパンに火を入れ（油は塗らない）、熱くなったら短冊一枚をのせて表面、裏面、側面に火を入れる。赤みがかったピンク色をしていた鮪が乳白色になる程度でよいから、角面をざっと一〇秒から一五秒ぐらい焙ればよろしい。焙り過ぎは絶対に避ける。

次に熱く焙られたその鮪を、用意しておいた氷の入った水にいきなり入れる。すると鮪は突然収縮して身が締まり、プリンプリンといった感じになる。

氷水から引き上げ、表面の水気を乾いた布巾でよく拭きとってから、大体一―一・五センチの厚さに切っていく。それを小皿に分けて盛っていくのである。それを見ただけでまず興奮する。外側の方が乳白色になっていて、中は少し色の濃いピンク色。とても肉欲的であり、官能的であり、妖《あや》しい色彩である。

小皿の脇にポン酢醤油（市販のものでよろしい）を用意し、好みによっては大根おろしを薬味に使う。

さて、いよいよ至福の時だ。ポン酢醤油に焙り鮪を一枚、チョンと付けて口に入れる。やわらかく噛むと、焙りの鮪はホクリ、ムチリとした感じで崩れていき、そこからトロリとした甘みとても濃いうまみ、脂肪からのペナペナとしたコクなどがピュルピュルと湧き出してくる。生臭みなど片鱗《へんりん》もなく、火で焙られた鮪の肉感的な芳香も鼻から抜けてくるのである。

それを肴にして飲む酒は決まって熱く燗を付けた純米酒だ。焙り鮪をじっくり味わってコピョっと飲み下し、口の中がまだ鮪のうまみで疼《うず》いている時に熱い燗酒を口に含む。すると今度は、口の中は一変して粋でいなせな日本酒の甘辛が広がっていって、悶絶気味の喜びにつつまれる。

【真鰯《まいわし》の丸干《まるぼ》し】

丸干しといえば、その代表は鰯であろう。真鰯、潤目鰯《うるめ》、片口鰯《かたくち》などさまざまなものが丸干しにされるが、東西両横綱に番付するならば、東は真鰯、西は潤目鰯の丸干しと相成るであろう。

我が輩は、福島県のいわき市に近いところで生まれたので、小さい時から小名浜《おなはま》の魚ばかり食べていた。中でも、真鰯は捕れすぎるほどでとても安く、木箱に何百匹も入れられて一箱なんぼの箱売りにされていた。多くの家々はそれを買ってきて、生で塩焼きや天ぷらにし、食べ残りは日干しして毎日のように焼いて食べた。

小さい時から食べてきた履歴は、今になってもさらに真鰯の丸干しに対する執着心を強くさせて、講演などで地方に行くと、丸干しを見つけては買ってくる。これまで特に印象に残っている丸干しは千葉県銚子市や勝浦市の房総ものと、富山県氷見《ひみ》市の富山湾ものであった。

実は先日、その氷見市に行った折、ある水産加工会社を経営する家族が自家用に干していた真鰯の丸干しを目敏《めざと》く見つけたので、それを数尾焼いてもらって賞味したところ、その美味しさに仰天してしまった。これは美味いですなあ、これは大したものですねえと、しきりに褒めまくったところ、こちらの意を解してくれて、十尾ほど土産にと渡してくれた。

それを家に持って帰り、早速焼いて飯《めし》のおかずにした。その丸干しは直立不動の如くピンと背筋を伸ばしていて、丸々としているのだけれども決して肥満体でなく、色は背の方は黒紫色、腹の方は銀色に光っていて光沢があり、匂いを嗅いでみると潮の匂いはするけれど魚特有の生臭みはない。

それをいよいよ焼くことにした。焼いていると、少々活きのよくない丸干しは厨房中に強い匂いが漂うが、この丸干しはとても食欲を起《た》たせる匂いがして、生臭い煙など全く出ないのであった。こんがりと全体を焼き上げ、それを皿に横たえる。丸干しの表面の薄い皮はチリリと焼かれて裂け、その下に真鰯の白い肌が焙られて少し黄褐色を帯びていて、我が輩の食欲をさらに躍起させたのである。

炊きたての飯をご飯茶碗に盛り、それを左手に、右手には箸を持ち、まず頭からその焼き立ての丸干しをかじった。丸干しの半身ほどがポクリとしながら口の中に入ってきて、それをムシャムシャと噛むと口中に真鰯の強いうまみが広がる。そこに今度は飯を追っかけ入れてやると、今度は一転して飯からの上品な甘みが広がってきて、その互いのコントラストは我が輩を、何もかも忘れさせて夢中にさせてしまった。

たった一匹の丸干しでこんなに俺を幸せにできるんだから、真鰯の底力は大したものである。

【地鶏《じどり》の唐揚げ】

久しぶりにおいしい鶏肉を使った唐揚げが食べたくなったので、近くのデパートの地下食品売り場に行って、地鶏を買ってきた。今は便利なことに、骨付きもも肉は関節から2つ切りされ、さらにそれをぶつ切りして、手羽先などと共に唐揚げ用として売られている。地鶏は名古屋コーチンや比内地鶏といったびっくりするような銘柄ものでなく、福島県産の伊達鶏《だてどり》というものだったが、これがなかなか安くておいしい鶏肉であった。

まず俺流の唐揚げのつくり方。牛乳に、隠し味程度にほんの少し醤油を加え、それに鶏肉を15分ほど漬け込む。その肉を引き上げ、汁気を軽くきり、そこに塩と胡椒を少々振り、さらに辣油《ラーユ》を数滴落とす。辣油はかなり辛いので、好みの量を加えるように。その鶏肉に、定法通り小麦粉を薄く付け、揚げ油を160度にして表面が濃いキツネになるまでカラリと揚げて出来上がりである。

その揚げたてを、厨房で立ったまま一個食べてみた。いわゆる役得というやつで、熱いので串に刺し、それを口に運んで半分ぐらいをガブリ。とたんに口中が熱くなったので、ハフハフしながら噛みはじめた。すると瞬時に、唐揚げ特有のとても香ばしい匂いが鼻孔から抜けてきて、口の中では、揚げ衣のサクリ、サクリといった歯応えがした後、鶏の皮が正肉からズルリと離れた感じがして、今度はその皮のシコシコ感と肉身のポクポク感とが交錯するのであった。

そして正肉身の淡白なうま味、皮やそれに付いていた脂肪層からのペナペナとしたコクなどがチュルル、ジュルルと湧き出してくる。それを辣油のピリ辛がせき立てるものだから、口の中はさらに美味の乱舞と相成り、噛みながらも涎はピュル、ピュルと止めどもなく分泌してきて、そのうちに鶏肉はネトネトトロトロとなっていくのであった。

せっかくつくったおいしい鶏の唐揚げであったので、その時は俺流の唐揚げ丼もつくった。市販の麺つゆを水で薄めてダシ汁とし、それに砂糖、味醂、酒を加えて甘じょっぱくする。そこに繊維に沿って切った玉ネギを入れて煮、さらに鶏唐揚げを加えてひと煮し、その上から溶いた生卵を円を描くようにドロリと回しかけする。それを丼に盛った飯の上にかぶせて出来上がりだ。鶏の唐揚げを多めにつくった時、その余りを冷蔵庫の中にしまっておいて、翌日にこの唐揚げ丼をつくって楽しむのも嬉しいことである。

実は我が輩、夕飯の時にこの丼を肴に焼酎を飲むことがある。酒と肴がいっしょに楽しめ、その上、これ一品で夕食まで終えることができるというアイデアだが、これじゃなんとなく不精《ぶしよう》かなあ。

【鮪の茶漬け】

お茶漬けや湯漬けが大好きなものだから、これまでずいぶんと賞味してきたが、その度に舌を躍らせ、落ちるほっぺたを押さえてきた。通常のお茶漬けといえば、海苔《のり》茶漬け、鮭茶漬け、塩昆布茶漬けなどのほかに鯛、佃煮各種、漬けもの、山葵《わさび》、欠餅《かきもち》などが一般的であるが、私の場合は、あまり知られていない材料で賞味することを心がけているので、実に楽しいのだ。

これまで賞味してきた中で、印象に残ったのは鰻《うなぎ》や穴子《あなご》の蒲焼《かば》きか佃煮、熟鮨《なれずし》、白子《しらす》干しや縮緬雑魚《ちりめんじゃこ》、豚肉甘鹹煮《あまからに》、浅蜊《あさり》甘鹹煮、沖醤蝦《おきあみ》のかき揚げ（てんぷら）、鰹《かつお》酒盗、茸《きのこ》の醤油漬けなどであった。

中でも、特に美味であったのは鮪の茶漬けであった。その美味さにはまって、さまざまな方法で鮪に下拵《したごしら》えしては茶漬けで楽しんできたのだが、結局は味噌漬けと、味醂醤油に漬けたものが最後に残った。使っている鮪は、スーパーマーケットなどで売っている短冊に切ったもので、それを通常の刺し身よりやや薄く切り、それを漬け込むのである。

これまでの経験では、鮪は赤身よりもやや脂肪の乗った中トロあたりだと申し分なく、それを切ってから葱味噌《ねぎ》に二日間漬ける。漬け上がった鮪をさっと焼くのが大切で、丼に盛った飯の上にそれを五枚ぐらいのせ、さらにその上に、漬け上げた時に残った味噌を少しのせてから熱い茶をかけるのである。葱味噌とは、刻んだ葱を味噌に加えて摺《す》ったものである。鮪は表面に火が通ればそれでよく、堅くなるまで焼いては駄目だ。

味醂醤油漬けは、醤油七に対して味醂三の割合で混ぜ、そこに前述した鮪の刺し身を漬けて一夜置き、こちらは焼かずに丼の飯の上にのせ、その上から漬け込んで余った味醂醤油をさっとかけ、おろした山葵をのせてから、熱湯を注ぎ、出来上がりである。

そしていよいよ至福到来の時だ。丼を見ると、鮪は熱茶や熱湯で白く変色し、飯粒は味噌や醤油の色にやや染まっている。丼を鼻っ先に持って行くと、まず薬味の匂いがツンと来る。そして、その匂いを十分に吸い込んでから鮪を箸でほぐすようにして全体にかき混ぜ、えいっ、とばかりにかっ込み始めるのである。すると、飯からの上品無比の甘みが出てきて、そこに鮪からの濃厚なうまみがからみつき、さらには味噌や醤油の醸《か》ぐわしき匂いとうまじょっぱみがぐぐっと迫ってきて、あっという間に丼は底を見せるのである。

【鰯の刺し身】

鰯は天下無敵の魚である。刺し身でも、焼いても煮ても美味で、その上栄養価も高く、さらにこのところの安い値段は、誠にもって庶民の味方である。

今年はサンマが不漁気味であるのに対し、鰯は久しぶりに好調で、形も大ぶりだという。それならぜひ、その鰯を腹いっぱい食べてみようと、近くの魚の市場に行って買ってくることにした。そして魚屋の前で見た真鰯は、正にその通りで、ちょうどこの魚の旬の時期とはいえ、丸々と太り、その上、どれも長さ20センチ、重さ150〜200グラム超の大羽《おおば》ばかりであった。目は澄んでいて、背側の濃い青色、腹側の白銀色の光沢が眩しく、体側上部の7つの黒点がくっきりと出ていて、新鮮そのものである。

それを見て一層うれしくなり、その真鰯を10匹買った。先ず刺し身にしてそのまま食べ、また一部は鮨種《すしだね》にしてペロリすることにしたのだ。そして、我が厨房「食魔亭《しょくまてい》」で早速下ごしらえをした。先ず鱗をかき落とし、胸ビレを切り、腹を割いて腸や血合いを去り、尾を落とし、親指を腹の中に入れて尾まで開き、中骨を引っぱるようにして取り去り、最後に腹骨を削り取り、あとは布巾で全体をきれいに拭いて刺し身におろして出来上りだ。

そしていよいよ食べた。純米酒を少し熱燗気味にし、まずはコピリンコ。酒は口の中を熱くし、そして食道、胃へとそれが伝わる。なんだか、これから凄《すご》く美味いものがそちらに行くぞーと、早飛脚が伝えに行ったような思いである。

醤油を注いだ小皿におろした生姜《しょうが》を少し入れ、そこに鰯の刺し身をチョンと付けてまず食べてみた。噛むと、さすがに新鮮なだけあって身はコリコリと歯に応え、そこから鰯特有の濃厚なうま味がジュルジュルと湧き出してきて、さらに脂肪も溶け出てきて、今度はトロトロとしたコクが溶け出てきて、それを醤油の芳醇なうま塩っぱさと生姜のピリカラが囃《はや》し立てるものだからたまったものではない。早くもその美味に悶絶寸前となってしまった。たかが鰯の刺し身1枚で、はやばやと心が悶《もだ》えてしまうなんて、なんと感受性の強い先生だこと。

こうして、鰯の刺し身でうま味ピュルリンコ、熱燗で嬉しさコピリンコとなり、我が心はますます躍るのであった。そして、刺し身を三杯酢で締めたものを、即席でつくった酢飯で握って、その上に少しの下ろし生姜をのせ、それを醤油にチョンとつけて食べた。いやはやその握り鮨のおいしかったこと。酢飯の甘酢っぱさと、真鰯の濃厚なうま味とコクとが口の中でキチョリンコ、トロリンコと融合し、この時点でついに悶絶に到達してしまった。

【鰤《ぶり》しゃぶのときめき】

冬の寒鰤は、とってもたっぷり脂肪がのっているので、どうもトロトロし過ぎるとして大根おろしが使われたり、ポン酢で食べられたりしている。確かにこうすると口の中がさっぱりとして、はなはだよろしいことになる。その鰤の食い方で我が輩がここ数年はまっているのが「鰤しゃぶ」である。薄く切った鰤の刺し身を、熱湯の中でゆすぐようにくぐらせ、タレを付けて食べる食法だ。

先日、近くの食品市場に行ったら魚屋の店頭に「キトキト富山の寒鰤入荷。天然ものだよお父さん!!」と墨書された垂れ札が下がっていた。ご丁寧にも「天然もの」というところは朱色の字で目立たせている。それにしても「お父さん!!」とは一体、何を意味するのだろうかとしばらく考えたら、すぐにわかった。この地下の食品市場には、いつも店内用の手かごをぶら下げてウロキョロした年配の男性客が目立って多いからなのであろう。そういえば、この我が輩もその「お父さん!!」であるのに気付いた。

その店で、キトキト越中鰤の刺し身用切り身を2冊《さく》買い、我が厨房「食魔亭」で鰤しゃぶを準備した。身は全体が薄いピンク色に染まって光沢し、腹側と皮側の双方の身は白銀色を帯びて眩しいのであった。

その鰤を3ミリぐらいの厚さにそぎ切りした。ここで注意するのは、あまりに薄く切ってしまうと湯に通したとき、すぐに火が回って食感を損なうことで、3ミリか3ミリ半というところがちょうどよい。次に鍋に水を張り、そこに出汁《だし》昆布を1枚入れておく。皮をむいた大根は千切りしてなるべく多くつくっておき、水菜はざく切りにしておく。つけダレは醬油3、酢2で混ぜ合わせ、好みで七味唐辛子か粉山椒《さんしょう》を振り込む。そしていよいよ胸キュンキュンとときめかし、食べるのであります。まず鍋に火を入れ、沸騰してきたら昆布を外す。そこに水菜、大根を適宜の量入れて、さらに鰤をくぐらせるようにして、それぞれをタレにつけて食べたのである。

タレの酢じょっぱさの中で、水菜はパリパリシャリシャリと歯に応え、そこから上品なほろ苦みが出てきて、大根は少しサクサク感覚を残して、そこから微《かす》かな甘味が出てきた。

そして、鍋の中をさっとくぐらせた鰤の身をタレに付けて口に入れると、プルル、ピララってな状態。それを軽く噛むと、とても優雅な感覚でホクリホクリと崩れ出し、さらにそれが溶けて、トロリ、テレレとなり、そこから鰤特有の濃いうま味と、脂肪身《あぶらみ》からのペナペナとしたコクとがジュルジュルピュルピュルと湧き出してくるのであった。それを酢じょっぱいタレの味、ピリ辛の唐辛子が囃すものだから、もう口の中は美味の混乱で収拾の付かない状態となってしまった。

【秋刀魚《さんま》の蒲焼き】

なんだかんだ言っても、やっぱりこの時期は秋刀魚だ。ちょうど新米も出回り、炊きたての銀めしに秋刀魚の熱々の焼きたてはたまらない。この喜び、心のときめきは日本人ならではのものである。今年は海水温の影響で不漁だったが、このところやっと35～40センチ級の大形が、店頭の氷水の中に鱗光輝かせている。昔から日本人は、この状態を見ると「秋刀魚騒がせ」と言って、もう居ても立ってもいられないほど心が騒ぎ、無性に食べたくなるのである。

その秋刀魚が有難くも仙台市の友人から送られてきた。石巻港に水揚げされた10尾で、船に揚がった瞬間から氷漬けされ、氷に漬かったまま送られてきた超新鮮ものであった。「秋刀魚」とはよく言ったもので、正しく名刀がピンと反ったような姿をしている。そして腹部の光りも白銀《しろがね》に輝き、背部は濃い群青色をしていて、クリクリとした目は生きているのとなんら変わらぬほど澄んでいる。

早速それを刺身にして生姜醤油で食べ、さらに、まだ表面が焼き焦げてピッピッと鳴いている塩焼きに酢橘《すだち》を搾り込んで食べた。いやはやその美味しかったこと。たった2尾の秋刀魚に味覚極楽を見せてもらった思いだ。しかし今回は、この新鮮秋刀魚を使ってこしらえた蒲焼《かば》きの、驚嘆に値するうまさを述べることにしよう。

先ず秋刀魚の頭を去り、腹を割いて腸を抜き、一度洗って血と汚物を流し水気をきる。それを腹開きにしてから中骨を抜く。蒲焼きの垂《た》れは、鍋に醤油1、日本酒2、味醂1・5の割合で混ぜ煮詰める。次に、秋刀魚を先ず身の方から焼き、焼けたら裏返しにして皮の方をやや焦げ目がつくぐらいに焼き、両面に刷毛《はけ》で垂れを塗りながら、弱火でこんがりと焼いて出来上がりである。垂れを塗って焼いている時の煙からの香ばしさで、胃袋ははやくもキリリキリリと締まる有様であった。

その焼きたてを温めておいた皿に何枚かのせ、その一枚を取り皿に移し、粉山椒を軽く振る。それを箸でちぎって口に入れて噛むと、瞬時に鼻孔から蒲焼き特有の香ばしい匂いと甘じょっぱい香りが抜けてきた。口の中では身がゆるやかに崩れていき、そこから秋刀魚特有の濃いうま味がジュルジュルと、脂肪からのコクがペナペナと湧き出してくる。そこに垂れの濃厚な甘みと熟《う》れたうまじょっぱみが重なって行くものだからたまらない。噛むほどに涎は溢れんばかりに分泌し、秋刀魚の身を口の中でトロトロテロテロにさせてしまうのであった。

勿論《もちろん》、この蒲焼きを炊きたての丼めしの上にのせて「秋刀魚の蒲焼き丼」

としても賞味したが、鰻丼《うなどん》とはまるで違った別の美味しさがそこにはあって、とてもうれしい至福のひとときとなった。

【牡蠣雑炊《かきぞうすい》】

春とはいえまだ肌寒く、土鍋でつくる雑炊は心も体も温まるうれしい味覚である。飯と余りものがあると簡単にできるのでほぼ日常的に食べているが、食べ飽きることがない。

一番簡単なのは朝の雑炊で、前夜に余った味噌汁を土鍋に移して熱し、そこに同じく昨夜の残り飯を適宜入れて煮る。ころ合いを見て、上から溶いた卵を掛けてよくかき混ぜて綴《と》じて出来上がりだ。これをご飯茶碗に盛って、上から削ったカツオ節をパラパラ撒《ま》いてから食べるのである。味噌汁を吸った飯粒は一粒一粒が甘くてうまじょっぱく、そこに卵のトロリとしたうま味が全体に広がり、さらにそれをカツオ節の濃いうま味が盛り立ててくれるので何とも素朴な妙味が満喫できる。

ところで最近、凝っている雑炊がある。ある時、余りもので偶然につくった牡蠣雑炊なのだが、そのおいしさに惚れ込んで本格的につくってみたところ、それが病み付きになったという次第なのだ。

我が「食魔亭」流は次の通りだ。大体5人分が目安。牡蠣は小粒のもの200グラムを塩水（大体2％）で振り洗い、笊《ざる》に上げて水切りしておく。飯（カップ4杯）は、一度水の中でさっと洗い粘り気を除いて笊で水切りしておく。生シイタケ3枚は傘の部分をせん切り、三つ葉3枚は細かく乱切り。土鍋にダシ汁（カップ5杯）を入れ、さらに塩小サジ2、醤油小サジ3、日本酒大サジ2を加え、沸いてきたら飯と生シイタケを加え、ひと煮立ちしたら牡蠣を加えて火を弱め、あとはコトコト煮る。そろそろ雑炊の体《てい》となってきたら、とき卵を回し入れてひと混ぜし、三つ葉を散らして、火を止めて蓋をし、あとは2、3分ぐらい蒸らして出来上がりとなる。

これを茶碗に盛り、熱いので舌を火傷《やけど》しないようフーフーと息を吹きかけながらいよいよ食べるのである。碗を口の近くまで持っていくと、鼻孔から飯の甘い匂いと共にうっすらと醤油のうまじょっぱい匂い、ほんのりとした牡蠣からの潮の香り、三つ葉やシイタケからの健康的で爽快な匂いなどが入ってくる。そして、熱いので注意しながら牡蠣と雑炊を口に入れてハフハフしながら噛んだ。するとまずトロリ、マッタリとした飯のやわらかい感触が口中に広がり、さらにそこから飯の甘味がトロリトロリと湧きだしてくる。そして、牡蠣1粒を噛むと、ポクリとした歯応えがして、そこから牡蠣特有の押しのあるクリーミーなうま味が湧きだしてきて、その時も瞬時に鼻孔から牡蠣からの海の磯香が抜けてきた。

1杯目をじっくりと味わい、2杯目はもう熱さにも慣れたのでトロトロと啜《すす》るようにして賞味した。雑炊全体が牡蠣の味に染められていて、牡蠣大好きの我が輩はもうどうにも止まらない、といった風であるが、そこはぐっと理性を利かせてご飯茶碗4杯だけで止めた。

【おろし大根】

めったにないことだが、少々食傷気味とか食欲が落ちた時、大根をおろした「おろし大根」はとても強い味方になる。おろし大根に醤油をかけ、飯の上にぶっかけただけで、たちまちのうちに食欲活性素は鎌首をもたげるからだ。

先日もそうだった。友人たちとの付き合い宴が数日続き、よく食べ、飲んだ揚げ句、その翌朝から食欲がガクンと音を立てて落ちた。鋼鉄《はがね》の胃袋、あるいはジュラルミン製胃袋と渾名《あだな》された我が輩にとっては極めて稀《まれ》なことである。

そこで早速おろし大根の登場だ。その日の朝は、ちょんと醤油をかけたおろし大根だけを丼一杯胃袋に送った。昼はうどんをやわらかめに煮込み、それにおろし大根を多めにかけて食べた。夜は、かなり食欲が回復したので、缶詰の滑子《なめこ》におろし大根を多めに加えて和え、それに出し汁と醤油を加えてよく混ぜて丼飯の上からぶっかけて、啜るようにして食べた。もうこれで十分。たったの一日で胃袋の調子は完全に戻った。

そんなおろし大根の底力に惹《ひ》かれていたら、千葉県の知人が有機栽培の大根だと言って7本も送ってくれた。どれもとても立派で、ずしりと重い。早速、冷凍庫に大切にしまっておいた釜揚げのしらす（水分を残したやわらかいもの）を解凍し、おろし大根のしらす和えをつくった。

小椀にしらすをゆったりと入れ、上からおろし大根をたっぷりとかけ、醤油をチョンチョンチョンとたらして、ざっとひとかき混ぜて食べると、瞬時に大根特有の微かな硫化性の匂いとしらすからの潮の香り、醤油の醸ぐわしい匂いなどが鼻から抜けてきた。噛み噛みしている口の中では、しらすからの濃いうま味と大根からの辛味と苦味と甘味、さらに醤油の熟したうま味などが渾然一体となり、いいわよ、いいわよってな状況に陥った。

しかし大根を1本丸ごとおろしたので、ボールにはまだいっぱい残っている。そこで急ぎ近くの魚市場に走り、新鮮この上ない鯖を1本買ってきた。その鯖を3枚に下ろし、刺し身状に薄く切り、得意の鯖しゃぶをしたのだ。これは我が輩の大好物で、鍋に出し汁を張り、煮立ててからサバの切り身をさっとくぐらせるようにしてから付け汁にとって食べるものである。付け汁はおろし大根をたっぷりと入れた小椀に、ポン酢醤油もどっぷりとかけたものである。

いよいよ鯖を出し汁にさっとくぐらせて、それを付け汁につけて食べた。噛むと、ふわり、とろりとした鯖から濃厚なうま味と脂肪からのペナナとしたコクが湧き出てきて、口中に広がった。それを大根の辛味と苦味と甘味、ポン酢の酸味、醤油のうま味が押し上げるものだからたまらない。もう頭の中は真っ白けとなって、大脳味覚受容器はその妙味で充満状態に陥った。

【カボチャのうま煮】

我が輩は、幼少のころ、秋から冬にかけては、毎日のようにカボチャを食べさせられた。町の郊外の畑地帯に行くと、あちこちに土手があり、そこでカボチャがつくられていたのだ。繁殖力旺盛なカボチャの栽培には、広い耕作地が必要となるので、畑ではもったいないというので土手でつくられ、畑では小豆《あずき》や芋、野菜などがつくられていたのである。

だからこの年齢《とし》となっても、土手を見るとすぐにカボチャが頭を過《よぎ》る。当時、一番多かったカボチャ料理は煮付けであった。切り分けたカボチャを砂糖と醤油、酒などでとろ火で煮た「うま煮」である。甘じょっぱく、ポクポクしていて実においしかった。最も思い出のあるのは、小麦粉を水で練って饅頭《まんじゅう》状にし、その中に甘く煮つけたカボチャの餡子《あんこ》を詰め、蒸し上げたカボチャ饅頭である。今もって忘れることのできない素朴でおいしいおやつであった。

そんなことを思い起こしていたら急にカボチャが食べたくなり、近くの八百屋に行って1個買ってきた。表面に凸凹のない、つるつるとした丸いカボチャで、小さい時に食べていたクリカボチャであった。

何をつくるかなんて迷わずに、うま煮づくりにまっしぐら。まず半分に割って種子や綿状の繊維を除き、食べやすい大きさに切り分けて皮をむいた。大きめの鍋に、カボチャの皮の方を下にして並べていき、そこにダシ汁をひたひたと被《かぶ》るぐらいまで入れ、中火で煮る。竹串を刺してスーッと通るぐらいまで柔らかくなったところで、砂糖と醤油を加えてやや甘めに煮上げて出来上がりだ。とても簡単だが実においしい。

完成品を大きな丼に盛り、そのうちの1個を小皿にとってうれしく賞味した。カボチャはべっ甲色に仕上り、甚《はなは》だ美しい。まず煮つけたそのカボチャの表面層をぬぐうように箸で取り、口に入れて食べた。すると口の中ではペトリトロリとした感触の後、次第にそれが唾液と混じってトロトロと溶けていき、そこから甘さをともなったうま味がジュルジュルと流れ出てきて、口中に広がるのであった。次に今度は、そのカボチャの中央部に箸を入れて2つに分け、その一片を口に入れて噛んだ。すると今度は、ポクポクといった感じで歯や舌に当たり、そこからはクリーミーな甘味とうま味がほとばしって出てくるのであった。ここで熱い煎茶をグビューッと呑んで、再び2個目のカボチャを堪能した。

また、カボチャのうま煮の熱いうちに、バターの切片をのせて溶かして食べたところ、上品でまっとりとしたまろやかさと蕩《とろ》けるようなマイルドさに、夢のようなカボチャの味を楽しむことができた。

【俺流玉子丼】

玉子丼は、とても簡単なのでよくつくっては食べる。生来からの喰いしん坊の我が輩、シンプルな玉子丼ではもの足りず、そこにさまざまな具を加えて、俺流玉子丼をこしらえ、大いに楽しんでいる。調味した出し汁(基本は出し汁カップ2分の1に日本酒大さじ1、味醂大さじ2、砂糖大さじ1、醬油大さじ3を加えたもの)と生卵を常時用意しておけば、あとは缶詰や冷蔵庫にある食材を使って、いつでもつくれるのでとても重宝で楽しいのだ。

最近よく使うのが缶詰類で、そのひとつはツナ缶、つまり鮪フレークの油漬けである。小型のフライパン(直径20センチ)または把手《とって》の付いた小型の鍋に出し汁を入れ、そこに薄く斜《はす》に切った牛蒡《ごぼう》を加えて火にかけ、煮立ったら火を弱めてアクを取る。そこにツナ缶を好みの量加え、さらに葱（斜めの小口切り）も加え、2分ほど煮てから溶き卵を回しかけて1分30秒煮る。それを丼に盛った飯の上にのせ、ミツバを散らして出来上がり。

卵からの滑らかなうま味、ツナ缶の濃いうま味と油からのコク、飯の上品な甘味、牛蒡の野趣に富んだ歯応え、さわやかなミツバの香りなどが一体となって、こちらもなかなかの玉子丼である。

同じつくり方だが、コンビーフを使うのも絶妙だ。これは卵の黄、コンビーフの赤、ミツバの緑、飯の白といった色調も楽しめ、食べるとコンビーフからのエキゾチックな風味が異国情緒を思わせてくれて、なかなかの玉子丼となる。ほかにむき身の浅蜊《あさり》や海老《えび》、牡蠣、茸類《きのこ》などもおいしいが、変わったところでは薄切りした魚肉ソーセージや、納豆を具に使うのもよかった。

今、特にはまっているのがキムチ入りの玉子丼で、これはおいしいばかりか食欲がモリモリと出て困るほどだ。豚バラ肉の薄切り少々を出し汁で煮て、白菜キムチを好みの大きさにザクザクと切ったものをのせ、溶き卵を回しかけしてひと煮してから丼飯の上にのせたものである。

そのキムチ玉子丼を目の前にすると、玉子の黄色とキムチの赤色とが目に滲みるほど鮮やかで、その丼を両手に持って鼻の前に近づけ、そっと匂いをかぐと、出し汁に染まった卵の芳醇な匂いとキムチからのニンニクなどの匂いが食欲をさらに盛り上げる。

それをひと口、ズルルと吸い込むようにして口に入れて噛むと、卵のトロリフワフワとした触感がしてから、次にキムチの白菜がシコリシコリと歯に応え、豚三枚肉の脂身もピロロンと歯に当たる。そして口の中では、卵と出し汁の絶妙なうま味、豚肉の濃厚なうま味と脂肪からのコク、キムチからの爽快な辛さ、飯からの上品な甘味などが複雑に絡み合い、もう参った参った降参だ、ということになるのである。

「長意吉麻呂という鬼才」『弦』弦短歌会／2010
「唰く」『食に知恵あり』日本経済新聞社／1996
「満殿香酒」『地球を肴に飲む男』同朋舎／1998
「金鍔」『小泉武夫の美味いもの歳時記』日本経済新聞出版社／2008
「地ウイスキー」『小泉武夫の料理道楽食い道楽』日本経済新聞出版社／2008
「朝茶のすすめ」『憂国の情に駈られて』東京農業大学出版会／2001
「ビール」『吾輩はビールである』廣済堂出版／2004
「缶詰に愛を込めて」『一冊の本 12月号』朝日新聞出版／2013

第四章　活力自在

「江戸の妙薬」『絶倫食』新潮社／2010
「牛肉のたたき」『小泉武夫の快食日記 食あれば楽あり第6集』日本経済新聞出版社／2011
「ヌラヌラの誘惑」『納豆の快楽』講談社／2000
「無敵の豚汁」『小泉武夫の快食日記 食あれば楽あり第6集』日本経済新聞出版社／2011
「鰻の白焼き」『食に知恵あり』日本経済新聞社／1996
「チーズの匂い」『地球を肴に飲む男』同朋舎／1998
「納豆」『文藝春秋 SPECIAL 2013年夏号』文藝春秋／2013
「『食欲』と『愛欲』」『文藝春秋 SPECIAL 2011年冬号』文藝春秋／2011

第五章　食魔亭レシピ

「目張の煮付け」『小泉武夫の美味いもの歳時記』日本経済新聞出版社／2008
「焙り鮪」『小泉武夫の美味いもの歳時記』日本経済新聞出版社／2008
「真鰯の丸干し」『小泉武夫の美味いもの歳時記』日本経済新聞出版社／2008
「地鶏の唐揚げ」『小泉武夫の快食日記 食あれば楽あり第6集』日本経済新聞出版社／2011
「鮪の茶漬け」『小泉武夫の料理道楽食い道楽』日本経済新聞出版社／2008
「鰯の刺し身」『食に知恵あり』日本経済新聞社／1996
「鰤しゃぶのときめき」『小泉武夫の快食日記 食あれば楽あり第6集』日本経済新聞出版社／2011
「秋刀魚の蒲焼き」『小泉武夫の快食日記 食あれば楽あり第6集』日本経済新聞出版社／2011
「牡蠣雑炊」『小泉武夫の快食日記 食あれば楽あり第6集』日本経済新聞出版社／2011
「おろし大根」『小泉武夫の快食日記 食あれば楽あり第6集』日本経済新聞出版社／2011
「カボチャのうま煮」『小泉武夫の快食日記 食あれば楽あり第6集』日本経済新聞出版社／2011
「俺流玉子丼」『小泉武夫の快食日記 食あれば楽あり第6集』日本経済新聞出版社／2011

小泉武夫「食」のベストエッセイ集　出典一覧

「本書」は出典の原稿を改題・改筆したものです。

第一章　頬落舌躍

「自慢丼」『小泉武夫の快食日記　食あれば楽あり第6集』日本経済新聞出版社／2011
「泥鰌鍋」『小泉武夫の美味いもの歳時記』日本経済新聞出版社／2008
「毛蟹」『小泉武夫の美味いもの歳時記』日本経済新聞出版社／2008
「鉄火巻き」『小泉武夫の料理道楽食い道楽』日本経済新聞出版社／2008
「立喰い蕎麦」『小泉武夫の料理道楽食い道楽』日本経済新聞出版社／2008
「鯱の塩焼き」『小泉武夫の料理道楽食い道楽』日本経済新聞出版社／2008
「韮」『小泉武夫の料理道楽食い道楽』日本経済新聞出版社／2008
「皮剥」『食あれば楽あり』日本経済新聞社／1999
「桜餅」『小泉武夫の料理道楽食い道楽』日本経済新聞出版社／2008
「伊勢海老」『小泉武夫の快食日記　食あれば楽あり第6集』日本経済新聞出版社／2011
「握り寿司」『小泉武夫の快食日記　食あれば楽あり第6集』日本経済新聞出版社／2011
「川蟹」『文藝春秋 SPECIAL　2010年夏号』文藝春秋／2010

第二章　味覚極楽

「中国食材考」『中国怪食紀行　我が輩は「冒険する舌」である』光文社／2003
「カニクイザル」『地球を肴に飲む男』同朋舎／1998
「豚血容器」『食あれば楽あり』日本経済新聞社／1999
「白魚」『食に知恵あり』日本経済新聞社／1996
「お疲れ鍋奉行」『小泉武夫の食に幸あり』日本経済新聞社／2002
「正月食行事の意味」『憂国の情に駈られて』東京農業大学出版会／2001
「初鰹」『食に知恵あり』日本経済新聞社／1996
「産巣日」『食に知恵あり』日本経済新聞社／1996
「下拵え」『憂国の情に駈られて』東京農業大学出版会／2001
「爆笑食談義」『語部醸児の粗談義　ぜんぶ魚のアラの話』中央公論社／1995

第三章　美味求心

「悪魔のライスカレー」『小泉武夫　食のワンダーランド』　日本経済新聞社／2005
「コロッケ」『食に知恵あり』日本経済新聞社／1996
「粗汁の色」『語部醸児の粗談義　ぜんぶ魚のアラの話』中央公論社／1995
「灰屋紹益という男」『灰に謎あり　酒・食・灰の怪しい関係』NTT出版／1998

小泉武夫（こいずみ・たけお）
農学博士。専攻は醸造学・発酵学・食文化論。1943年福島県の酒造家に生まれる。現在、特定非営利活動法人発酵文化推進機構理事長、東京農業大学名誉教授、鹿児島大学、琉球大学、別府大学、新潟薬科大学、広島大学大学院医歯薬保健学研究院、石川県立大学の客員教授ほか。主な著書に『賢者の非常食』（IDP出版）、『猟師の肉は腐らない』（新潮社）、『発酵はマジックだ』（日本経済新聞出版社）、『食と日本人の知恵』（岩波現代文庫）、『食あれば楽あり』（日本経済新聞社）、『不味い！』（新潮文庫）など、著作は単著で130冊を数える。

小泉武夫　食のベストエッセイ集

2015年2月25日　第1刷発行

著者―――小泉武夫《こいずみたけお》

発行者―――和泉 功
発行所―――株式会社 IDP出版
〒107-0052
東京都港区赤坂6-18-11-402
電話03-3584-9301
ファックス03-3584-9302
http://www.idp-pb.com

印刷・製本―――藤原印刷株式会社
装丁・組版―――スタジオギブ

ISBN 978-4-905130-15-4 C0095 Printed in Japan